사과나무에서 사과가 떨어지는 것을
많은 사람들이 봐 왔지만,
뉴턴만은 '왜?'라고 질문하였다.

질문 육아 처방전

질문 육아 처방전

정명숙 지음

아주 좋은 날

'대화인 척하는 대화'는 이제 그만!
어떤 대화를 어떻게 나누느냐에 따라
아이의 인생이 달라진다!

EBS 다큐프라임 〈아이의 사생활〉 PD | 김민태

　우리나라 학생들의 체력은 학업과 입시 부담이 큰 상급 학년으로 올라갈수록 부실하다고 한다. 서울시교육청 발표에 따르면, 지난해 초등학교 5~6학년생과 중고등학생을 대상으로 한 학생건강체력평가PAPS 결과에서 정상 체력에 못 미치는 4~5등급 학생이 전체의 15.2퍼센트를 차지했다. 그 비율은 초등학교는 8퍼센트에 그쳤지만 중학교는 13.9퍼센트, 고등학교는 20.5퍼센트에 달해, 기존의 '상급 학년으로 올라갈수록 학업부담이 늘고 운동량은 절대적으로 부족해 체력이 저하된다'는 조사결과를 뒷받침했다.

　부모들은 이 뉴스를 듣고 어떤 생각을 할까? '그런가 보다' 하는 무덤덤한 반응을 보이는 그룹과 '큰일이네' 하고 심각한 표정을 짓는 그룹으로 나뉠 것이다. 무엇이 이런 차이를 만들어낼까?

원인은 교육을 바라보는 관점, 즉 프레임이다. 프레임의 사전적 의미는 액자의 틀이다. 심리학에서는 세상을 보는 틀이라는 의미로 사용된다. 프레임이 중요한 이유는 세상은 딱 자기의 프레임만큼만 보이기 때문이다. 자녀 교육에서도 부모가 어떤 프레임을 갖고 있느냐에 따라 아이들의 미래가 결정된다고 해도 과언이 아니다.

좀 더 구체적으로 풀어보자. 학생들의 체력이 바닥이라는 뉴스를 접하고도 별다른 감정이 느껴지지 않는다는 현실주의자 A는 자원이 부족한 우리나라에서 태어난 이상 감수해야 할 현실이라고 말한다. A가 교육을 바라보는 프레임은 입시경쟁이다. 자녀의 선행학습을 조금 일찍부터 시키는 궁극적인 목표도 좋은 대학에 들어가기 위한 것이라고 서슴없이 말한다. 고통은 짧고 영광은 길다는 논리다.

이번엔 다른 학부모 B의 프레임을 살펴보자. 학생들의 체력 저하가 심각하다는 보도에 B는 학생들의 부실한 체력은 어른들이 만들어낸 비극이라고 말한다. 진짜 놀이를 경험하지 못한 아이들에게 어찌 사교성이나 창의성을 기대할 수 있겠느냐고 되묻는다. 그는 종종 대안 없는 이상주의자로 면박당할 때도 있다. 그러나 그는 자신이야말로 정확히 현실을 직시하고 있다고 자부한다. 그가 말하는 진짜 현실은 입시 이후의 삶이다.

A와 B 중에서 누구의 프레임이 아이의 미래를 행복하게 인도할까? 가장

객관적인 답변을 얻으려면 한 세대, 즉 30년은 흘러야 가능할 것이다. 교육에 대한 토론이 종종 불가지론에 빠지는 이유는 교육적 효과를 확인하는 데 너무 오랜 시간이 걸리기 때문이다. 교육문제를 다루는 다큐멘터리 PD의 숙명은 미묘한 사회의 변화를 포착하고 과학적인 방법을 동원해서 미래에 대한 진단을 내놓아야 한다는 것이다. 바로 이런 업이 있기에 사람 만나는 일을 게을리할 수가 없다.

언젠가 만났던 명문 사립대 심리학과 교수는 나에게 이런 말을 했다. "요즘 대학에 들어오는 새내기들은 스스로 아프다고 하는 학생들이 많아요. 이야기는 대부분 가정사에서 시작해요. 예를 하나만 들어보죠. 이 학교에 온 아이들은 대개 외고를 둘러싼 크고 작은 트라우마를 겪었다고 말합니다. 이건 이미 지나간 경험이 아닙니다. 한 아이는 외고를 못 들어가서 상처를 받았다고 하고, 또 다른 아이는 외고에 들어가서 겪은 상처가 아직도 남아있다고 합니다."

졸업반 학생들의 이야기도 들어보자. 입시라는 피라미드의 정점에 있는 국립대 학생들의 걱정은 A와 같은 현실주의자가 듣기에는 꽤 충격적일 수 있다. 그들의 가장 큰 고민은 취업이다. 이건 괜한 엄살이 아니다. 대기업 정도는 골라갈 수 있을 거라는 믿음은 세상 물정 모르는 부모들의 바람에 불과하다. 학생들 중 상당수는 기업에만 들어가도 감사하게 생각한다.

이런 현실의 원인을 단지 좁은 취업문 탓으로만 돌릴 수 있을까? 기업의 얘기를 들어보자. 무한경쟁에 내몰린 기업들은 네임밸류만 내세우는 헛똑똑이들은 필요 없다고 말한다. 다시 말하면 요즘의 기업은 학원에서 길러진 인재를 원하지 않는다. 개인의 자존감, 리더십, 대인관계가 곧 경쟁력으로 이어지는데, 이런 가치들은 절대로 학원에서 배울 수 없는 것들이기 때문이다.

추천의 글을 장황하게 풀어놓는 이유는 단 하나다. 《자신감을 키워주는 질문의 힘》은 길게 보는 교육관이 결국은 아이를 행복하게 키운다는 프레임을 갖고 있다. 살아있는 대화환경에서 자란 아이는 타인에 대한 공감능력은 물론이고, 자존감과 자신감도 남다르다. 이를 증명하기 위해 저자는 풍부한 사례를 제시하고 있다.

예를 들어 초등학교 아이들은 "왜요?"라고 집요하게 물으면서도 정작 본인은 "그냥"이라고 대답할 때가 많다. 때가 되면 없어지는 발달 현상이지만, 그때 그 순간의 아이 마음을 읽어주는 것은 매우 중요하다. 하지만 부모라 하더라도 아이의 모든 특성을 이해하기는 힘들다. 이에 초등학교 교사인 저자는 아이들의 언어생활을 세밀하게 관찰함으로써 부모들이 흔히 하는 실수를 생생하게 드러내 보인다. 저자는 아이들과 눈높이를 맞추고 싶다면 먼저 아이들의 어법을 이해하라고 조언한다. 대화의 중요성은 알지만 바쁘다는 핑계로 '대화인 척하는 대화'로 일관하는 부모들이 꼭 한 번씩 읽었으면 하는 좋은 책이다.

아이의 자신감은
부모의 믿음에서 나온다!

"선생님, 저는 장점이 하나도 없는데 어떡해요?"

"선생님 눈에는 보이는데 왜 네 눈에는 안 보일까?"

"에이, 거짓말이죠? 저는 잘하는 게 하나도 없단 말이에요."

자신의 장점과 단점을 써넣으라는 질문지 앞에서 한 아이가 한숨만 푹푹 내쉬고 있다. 단점을 쓰는 칸에는 '공부를 못한다, 운동을 못한다' 등의 문구가 빼곡히 적혀 있지만, 장점을 쓰는 칸은 여태 비어 있다. 선생님 눈에는 '친구를 잘 도와줍니다, 인사를 잘합니다' 등의 장점이 보이는데 매사에 자신감이 없는 아이는 자신의 장점조차 인식하지 못한다. 이런 아이를 볼 때면 교사로서 가슴이 아프다.

"우리 애가 공부를 너무 못해서 선생님 뵐 면목이 없어요."

"그게 무슨 말씀이세요? 어휘력 분야는 현우를 따라올 아이가 없답니다."

"시험 성적이 엉망인데 그게 무슨 소용이 있겠어요."

학부모 면담주간에 상담차 방문한 학부모의 어깨가 축 처져 있는 경우는 십중팔구 자신의 아이가 다른 아이에 비해 공부를 못한다고 생각할 때이다. 어휘력이 뛰어나다는 장점이 있음에도 불구하고 시험 성적에만 초점을 맞춰서 한숨짓는 학부모를 볼 때면 가슴이 아프다.

"울 엄마는 오늘 안 오신대요."

"왜?"

"제가 공부를 못해서 창피하대요."

공개수업 날에는 대체로 공부를 잘한다는 상위권 아이들의 학부모가 참관을 많이 온다. 하위권을 맴도는 아이를 둔 학부모는 손에 꼽을 정도로 그 수가 적다. 자신의 엄마가 행여나 오지 않을까 자꾸만 뒤돌아보는 아이들을 볼 때면 가슴이 아프다.

하지만 간간히 나를 행복하게 하는 모습을 볼 때도 있다. 공개수업에서 한 번도 발표를 하지 못해도, 엉뚱한 답변을 해서 웃음거리가 되어도 수고했다고 토닥여주는 부모를 만날 때가 그렇다. 성적이 하위권이어도 부모의 전폭적인 지지를 받는 아이는 늘 자신감에 차 있다. 부모의 변함없는 믿음이 아이를 행복하게 만들고 긍정적인 마인드를 만들어주기 때문이다.

"그런 일이 있었군요? 분명히 무슨 이유가 있을 거예요. 왜 그런 행동을 했는지 아이와 충분한 대화를 해볼게요. 그리고 아이랑 같이 대처방법을 찾아볼게요."

사고가 터졌을 때 이렇게 현명하게 대처하는 부모가 가끔 있다. 그러면 아이는 비슷한 상황이 벌어졌을 때 똑같은 실수를 하지 않는다. 눈앞의 결과만 놓고 다그치는 대부분의 부모와 달리, '왜'라고 물어주는 부모의 배려 덕분에 자신의 충동적인 행동에 대해 충분히 생각하고 반성하는 까닭이다.

아이의 자신감은 부모의 전폭적인 지지와 믿음에서 나온다. 부모가 자식을 믿어주지 않는데 누가 아이를 믿고 지지하겠는가?

그렇다고 자신감 넘치는 부모 밑에서 자란 아이가 무조건 자신감 넘치는 아이로 자라는 것은 아니다. 자신감이 넘치고 대외활동을 많이 하는 부모와 달리 자신감이 결여되어 항상 주눅 들어 있는 아이들도 있다. 아이의 자신감은 생물학적 유전인자가 아닌 부모의 전폭적인 믿음이 뒷받침된 허용적인 분위기 속에서 만들어진다는 것을 유념해야 할 것이다.

그렇다면 아이의 자신감을 길러주는 허용적인 분위기는 어떻게 만들 수 있을까? 'WHY 대화법'으로 하면 된다. WHY 대화법은 거창한 게 아니다. "왜"라고 묻기만 하면 되는 아주 단순한 방법이다. 결과를 놓고 꾸중하는 일방통행의 대화 대신에 그 원인을 물어주고 공감하는 부드러운 쌍방통행의 대화법이 그것이다.

이 책에는 우리가 공감할 수 있는 WHY 대화법의 사례들이 많이 나와 있다. 부모와 자녀 사이, 스승과 제자 사이, 자녀와 친구 사이, 선생님과 학부모 사이에서 흔히 일어날 수 있는 사례들을 읽다 보면 고개가 절로 끄덕여

질 것이다. 그 이야기는 우리 자신의 이야기이고, 우리 이웃의 이야기이기 때문이다.

"어, 이건 내 얘기네."

"이건 나도 하는 방법이네."

"그래, 우리 아이에게는 이 방법이 좋겠다."

아이와 부모의 개성이 다른 만큼 어떤 사람에게는 안성맞춤의 방법이 어떤 사람에게는 별 효과가 없을 수도 있다. 제시된 수많은 사례 속에서 부모에게 맞는, 우리 아이에게 맞는 WHY 대화법을 찾기 바란다.

당신의 아이를 사랑하는가? 당신의 아이를 웃음 짓게 만들고 싶은가? 당신의 아이를 자신감 넘치는 인재로 키우고 싶은가?

그렇다면 지금 당장 아이에게 맞는 WHY 대화법을 찾아 적용하기 바란다. 'WHY' 한마디에 부모와 자녀 사이에 막혀 있던 대화의 물꼬가 트이고, 'WHY' 한마디에 스승과 제자 사이를 가로막던 단단한 장벽이 헐려서 끈끈한 공감대가 형성될 것이다.

C·O·N·T·E·N·T·S

1장 대화에 목마른 아이들, 진짜 대화가 어려운 부모들

WHY 대화가 안 되는 이유는 따로 있다

2장

아이의 자신감을 키우는 WHY 대화법

3장

4장 아이들의 상상력과 열린 사고를 배워라

5장 WHY 대화로 논리적 의사표현능력을 키워라

WHY 대화로 아이의 창의성 주머니를 키워라

WHY 대화가 어려운 아이들, 부모가 도와주자

자신감 없는 아이에게
'왕의 날'을 선물하자!

대화에 목마른 아이들,
진짜 대화가 어려운 부모들

대한민국의 어머니와 선생님들이 자주 쓴다는 지시어 일색의 짧은 말들은 대체로 톤이 높다. '밥 먹어' 또는 '조용히 안 해'와 같은 두세 음절의 명령어는 대체로 아이들을 다그칠 때 사용하는 말이기 때문이다. 친구들에게 그런 말투로 명령하거나 소리를 지르는 아이들은 부모님이나 선생님으로부터 그런 대우를 받는다고 보면 거의 틀림없다.

곁을 내어주지 않는 한
진짜 대화는 없다

공부해라, 학원 가라, 숙제했니?

요즘 세상은 뭐가 그렇게 바쁘게 돌아가는지 남녀노소 누구랄 것 없이 다 바쁘다. 교사는 폭주하는 업무 때문에 바쁘고, 부모는 해마다 바뀌는 교육 정책에 적응하느라 바쁘고, 아이들은 학교와 부모들의 교육방침에 휘둘리 느라 바쁘다.

> 아침 해가 떴습니다. 자리에서 일어나서 빵 한 조각 급히 먹고 학교로 갑니다.
> 국수사과 공부하고 점심 먹고 또 공부하고 학원으로 돌다 보니 하루해가 집니다.

개사곡처럼 우리 아이들 징밀 바쁘게 산다. '바쁜 아이들 대회'가 있다면 아마 세계 랭킹 1위는 따놓은 당상일 게다. 공부 말고도 어찌나 하는 게 많은지 그것들을 다 해내는 아이들의 체력과 능력은 거의 기인 수준이다.

그만큼 과중한 학습노동에 시달리는 우리 아이들에게 부모들은 어떤 말로 격려를 하고 있을까?

"공부해라."

"학원 가라."

"숙제했니?"

거의 대부분이 4음절로 끝나는 천편일률적이고 일방적인 명령조의 말뿐이다. 짤막한 지시어 속에 아이들에 대한 배려는 없어 보인다. 그 말들에는 이런 부정적인 이야기들이 추가로 암시되고 있기 때문이다.

'공부 안 하고 놀기만 해봐. 이번에는 가만 안 둘 거야.'

'학원 숙제 안 해놓기만 해봐. 국물도 없는 줄 알아.'

아이들은 대화에 목마르다

대화의 목마름에서일까? 요즘 아이들은 남녀 할 것 없이 수다스럽다. 쉬는 시간이든 수업시간이든 아이들은 항상 친구와 수다삼매경에 빠져 있다. 뭐가 그리 할 말이 많은지 하루 종일 시간을 줘도 수다를 떨 기세다. 쓰레기

통으로 들어감직한 하찮은 지우개 똥만으로도 너끈히 한 시간은 조잘댄다.

예전에는 선생님이 질문을 하면 손드는 아이들이 없어서 걱정이었는데, 요즘은 한마디를 던져놓으면 열 마디를 하려는 아이들 때문에 진땀을 뺄 때가 많다. 아이들은 선생님의 한마디를 마인드맵처럼 잇고 이어서 순식간에 백 마디로 둔갑시킨다.

강아지똥 – 방귀 – 아버지 – 술 – 잔소리 – 귀 – 토끼 – 달나라 – 우주 – 로켓

국어시간에 예문으로 나온 강아지똥은 눈 깜짝할 사이에 우주 로켓으로 변질되고, 그 뒤에도 이야기는 끝도 없이 이어진다. 아이들의 지식보따리에서 튀어나온 지식들이 서로 얼키고설켜서 신나고 재미있는 시간을 만들고 있는 것이다. 어느덧 주제는 점점 산으로 올라가고, 터진 봇물처럼 한 번 열린 아이들의 입은 닫힐 줄을 모른다.

자녀와의 소통은 '왜'에서 출발하라

이렇게 하루 종일 이야기보따리를 풀어놓을 수 있는 아이들이 안타깝게도 부모와의 대화시간은 하루 평균 채 10분이 되지 않는다. 입시 위주의 진학 풍토, 인터넷게임이나 텔레비전 시청, 맞벌이 부부의 증가로 인해 갈수

록 침묵하는 가성이 늘고 있는 탓이다.

　정적이 감도는 무거운 집안 분위기를 떠올려보자. 생각만으로도 숨이 턱
턱 막히지 않는가! 동의보감에 '통(通)하지 않으면 통(痛)한다'는 말이 있다.
소통이 되지 않으면 고통이 온다는 뜻이다. 우리 아이들이 이 숨 막히는 고
통을 매일매일 느끼고 산다면 얼마나 불행한 일인가? 아이들의 건강한 정
서 발달을 위해 하루 10분만이라도 올곧게 곁을 내어주기 바란다.

　"공부해라. 학원 가라. 숙제했니?"

　4음절의 듣기 싫은 잔소리는 그만하자.

　"왜 오늘 우리 아들이 숙제를 안 했을까?"

　사실 이 말 한마디면 충분하다. 부모님이 숙제를 하지 않았다는 결과에
대해 다그치는 대신에 '왜'라고 물어주는 것만으로도 아이는 존중받는다고
느끼기 때문이다.

　어른들은 종종 '왜'라는 말을 잊고 산다. 자신의 잣대에 못 미치는 결과물
을 보면 버럭 화부터 내며 아이를 쥐구멍으로 몰아붙인다. 문제는 시간이
지나면 벼락같이 화를 냈던 일들이 그리 큰 문제가 아니라는 데 있다.

곁을 내어주지 않는 한, 진짜 대화는 없다

　"정말 억울해요. 오늘 학교에서 내 카드랑 친구 카드랑 바꿨거든요. 근데 마음
이 변해서 다시 돌려달라고 했어요. 그런데 친구가 싫다잖아요. 한번 바꾸면 영원

24

히 바꾼 거라고요. 이제는 자기 거니까 돌려줄 수 없다는 거예요. 어이없지 않아요? 원래 그 카드의 주인은 저니까 제 것이 맞잖아요?"

문방구에서 흔히 파는 카드 한 장이라 해도 아이들에게는 '대단한' 물건이다. 그래서 이런 분쟁은 교실 속에서 흔히 일어난다. 그런데 어른들 눈에는 '고작' 카드 한 장으로 보일 뿐이어서 이렇게 면박을 줄 때가 많다.

"사내자식이 뭘 그깟 카드 한 장 가지고 울고불고 난리야? 빨리 뚝 못 그쳐? 그럴 시간 있으면 공부나 해!"

그런데 아이 입장에서는 자기 말을 들어주는 대상이 있다는 것만으로도 속상함이 풀릴 때가 많다. 따라서 현명한 부모라면 분하고 억울해하는 아이의 말에 맞장구를 쳐서 마음을 헤아릴 줄 알아야 한다.

"그래? 엄청 속상했겠구나. 예전에 아빠도 딱지치기 하다가 친구와 다툰 적이 있었는데 정말 속상했단다."

속상해하는 아이가 유치하다고 무시하지 마라. 우리 어른들 역시 그 나이 때에는 똑같이 유치하게 놀았다. 아무리 일상이 바쁘더라도 하루 10분 정도는 큰 사건이든, 작은 사건이든 아이의 이야기를 적극적으로 들어주기 바란다. 아이에게 곁을 내어주지 않는 한, 진짜 대화는 절대 불가능하다.

'대화인 척하는 대화'에서
벗어나라

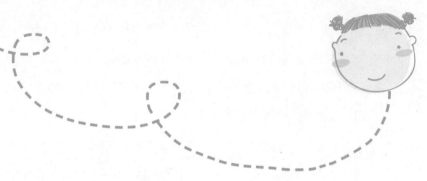

삼척동자보다 더한 척은 '대화인 척'

"이건 난센스 퀴즈야. '삼척동자'가 뭐게?"

"어, 나 그거 알아. 한자 배우고 있거든."

"잘난 체하지 말고 답이 뭐냐니까?"

"'키가 석자밖에 되지 않는 어린아이' 맞지?"

"땡, 이건 난센스라니까?"

"그럼, 힌트를 줘봐."

"뒤의 글자가 모두 척으로 끝나."

"뭐, 척?"

"이건 여학생들이 잘하는 거야."

"아. 알겠다. '예쁜 척' 아냐?"

"어, 비슷해."

아이들이 맞추지 못한 난센스 퀴즈의 정답은 무엇일까? 삼척동자는 바로 '아는 척, 있는 척, 잘난 척 하는 사람'이다.

이 셋을 다 가진 척쟁이가 있다면 정말 꼴불견일 것 같지만, 사실 어른 10명 중 9명은 '~척'을 하며 살아간다. 이 시대를 사는 어른들 대부분이 척쟁이란 얘기다. 모르면 무식하다고 할까 봐 아는 척하고, 없으면 무시당할까 봐 있는 척하고, 못나면 손가락질당할까 봐 잘난 척하고……. 치열한 생존 경쟁에서 살아남기 위한 기성세대들의 슬픈 자화상이라고나 할까?

여기에 하나 더 얹어야 할 '척'이 있다. 바로 '대화인 척'이다.

오늘 하루 타인과 나누었던 대화를 떠올려보자. 그 무수한 말 중에서 진정성이 담긴 대화는 과연 얼마나 되는가?

'다음에도 이 사람들과 즐거운 시간을 가져야지' 하는 마음보다는 '어, 내가 혹시 실수한 말은 없었나?' 하고 신경 쓰인 적은 없었는가? 하루종일 입 아프게 이야기를 나눈 후에 시간낭비를 한 게 아닌가 헛헛했던 적은 없는가?

이런 '빈 대화'가 오고가는 이유는 상대방과의 관계를 유지하기 위한 접대용 멘트 때문이다. 그래도 참아넘길 수 있는 건 온종일 대화를 나눈 상대가

혈연관계를 맺지 않은 타인이라는 사실이다.

만약 매일 마주보며 사는 가족끼리 '대화인 척'을 한다면 얼마나 삭막할까? 마음에 있는 말을 쏟아붓지 못하고 이 같은 접대용 멘트만 날린다면 그보다 불행한 일은 없을 것이다.

대화라고 착각하는 말들

1. 밥 먹어!
2. 너 공부 안 해?
3. 그만하고 빨리 자.
4. 아이구, 잘했네!
5. 이 정도면 돈 안 부족하겠어?
6. 빨리 이 닦고 세수하고 자!

이 리스트는 '대한민국 어머니들이 가장 많이 하는 말'이라고 한다.

순위에 오른 말들을 살펴보면 대부분 대화가 아니라 채근과 강요이다. 아이 입장에서는 분명히 일방적인 명령일 뿐인데, 부모들은 '아이와 주고받은 대화'라고 착각하는 대표적인 말들이다.

1. 조용히 안 해?
2. 번호?

3. 몇 쪽 할 차례냐?

4. 숙제한 거 꺼내 놔.

5. 너 뒤로 가서 엎드려 뻗쳐.

6. 손 쫙 펴!

그리고 이 리스트는 '대한민국 선생님들이 가장 많이 하는 말'이라고 한다.

체벌이 금지된 요즘에는 5번과 6번은 구시대의 유머로 사라졌지만 어쨌든 가르침을 업(業)으로 삼는 교사들에게 반성할 여지를 주는 말임에는 틀림이 없다.

대한민국의 어머니와 선생님들이 자주 쓴다는 이런 지시어 일색의 짧은 말들은 대체로 톤이 높다. '밥 먹어' 또는 '조용히 안 해'와 같은 두세 음절의 명령어는 대체로 아이들을 다그칠 때 사용하는 말이기 때문이다.

이런 말투는 모방을 좋아하는 아이들에게 금방 습득이 된다. 친구들에게 그런 말투로 명령하거나 소리를 지르는 아이들은 부모님이나 선생님으로부터 그런 대우를 받는다고 보면 거의 틀림없다. 평소 큰소리를 지르거나 윽박지르는 아이들은 그래야만 친구들이 말을 더 잘 들어줄 거라고 생각하는 까닭이다.

특히 우리나라 어머니들은 음정이 높고 템포가 빠른 편이다. 아이들에게 무언가를 지시할 때의 음정은 도레미의 '미' 정도 음이 좋다고 한다. 아이가 말을 듣지 않거나 화가 턱밑까지 치밀어 올라도 언성을 높이지 않고 차분하게 말하는 습관을 들이자.

대화는 쌍방통행이어야 한다

"도대체가 엄마하고는 말이 안 통해요. 대학 들어가려면 논술을 잘해야 한다면서 내가 좋아하는 축구를 끊으래요. 내 생각은 묻지도 않고 뭐든 엄마 맘대로 정해버려요. 하기 싫다고 하면 '그래서 대학이나 가겠니?'라고 소리지르고……. 축구를 하면 대학에 못 간다는 게 말이 된다고 생각하세요? 그럼 나랑 축구하는 친구들은 모두 대학을 못 가겠네요. 도대체가 엄마하고는 대화가 안 통해요. 대화가!"

덩치 큰 남학생이 아침 등굣길부터 풀이 죽어 있기에 이유를 물어보니 눈물을 글썽이면서 한바탕 성토를 해댄다. 아무도 자기 마음을 몰라줘서 속상했는데 담임선생님이 관심을 가져주니 속에서 울컥한 모양이었다.

"선생님, 우리 애가 이상해졌어요. 도대체가 제 말은 씨알이 먹히지 않아요. 예전에는 제 말이라면 콩을 팥이라 해도 믿었는데 말이에요. 말하는 족족 '왜요, 왜 그래야 하는데요?'라면서 토를 다는데 완전 미쳐버리겠어요. 제 속을 뒤집어놓으려고 작정한 것 같아요. 달래도 보고 윽박도 질러봤지만 아무 소용이 없어요. 매일 아이와 말씨름 하는 것도 이제 지긋지긋해요. 도대체 왜 그럴까요? 친구를 잘못 사귀어서 그런 걸까요, 아니면 사춘기라서 그런 걸까요?"

아침부터 풀이 죽어 온 남학생의 어머니가 상담을 왔다. 그렇게 착하던 아이가 급작스레 변한 이유를 도통 모르겠단다. 젊지도 않은 나이에 늦둥이를 낳아서 그 뒤치다꺼리를 하는 것만으로도 힘든데, 다 컸다고 생각했던 큰아이가 자꾸 삐뚤어지니 속상하다며 눈물을 보인다.

이 아이는 대체 무엇이 문제일까? 어머니의 말대로 친구를 잘못 사귄 걸까, 아니면 사춘기라서 그런 걸까?

둘 다 아니다. 그 이유는 늦둥이로 얻은 동생에게 있었다. 13살이나 터울이 지는 동생이 태어나면서 집안의 모든 관심이 갓난아이에게 쏠렸고, 이 아이는 갑작스레 어른 취급을 당하게 된 것이다.

"형이 되어 가지고 동생에게 부끄럽지도 않아!"

"엄마 바쁜 거 안 보이니? 이제 너 혼자 스스로 해!"

"성적이 이게 뭐야, 당장 축구 끊고 논술학원에 다녀!"

느닷없이 등장한 동생에게 사랑을 뺏긴 것도 억울한데, 자존심 상하는 형제비교에다 전혀 논리적이지 않은 지적까지 들었으니 그 상심이 오죽했으랴? 닭살이 돋을 만큼 돈독했던 모자관계가 극으로 치달았던 원인은 180도 변한 어머니의 양육태도에 있었다. 집안의 왕자님에서 갑자기 쪽박을 찬 거지 신세로 전락한 기분인데 아이가 어찌 예전과 똑같을 수 있겠는가!

모든 문제의 원인을 따지고 보면 잘못은 일방적으로 통보하는 부모에게 있을 때가 많다.

대화란 '마주 대하여 이야기를 주고받는 것'을 말한다. 상처 입은 마음은 몰라주면서 어른의 의지만 관철시키려 든다면 아이는 영영 입을 닫아버릴 것이다. 아이 입장에서 어른들의 말은 대화가 아니고 듣기 싫은 '소음'에 불과하기 때문이다. 따라서 아이와 대화를 하려거든 일방통행이 아닌 쌍방통행이 되도록 신경 써야 한다.

아이 마음을 헤아리는 '진짜' 대화를 하라

텔레비전 프로그램 중에 개그콘서트의 '대화가 필요해'라는 코너가 있었다. 무뚝뚝하기로 소문난 경상도 가족이 식사를 하면서 대화를 나누는 상황을 비틀어 보여줌으로써 가족 간의 오해와 무관심, 그로 인한 의사소통의 장애를 통해 역으로 웃음을 유발하는 인기 프로그램이었다.

아들이 "아부지예, 용돈 좀 올려주이소. 한 달에 5,000원이 뭡니까?"라고 불평하면 엄마는 "뭐라 쳐 씨부리쌌노?"라며 윽박지르고 아버지는 "밥 묵자"라는 말로 상황을 종료시킨다.

이 코너는 매번 똑같은 패턴이지만 '밥 묵자'라는 마지막 웃음 코드에서 시청자들은 배꼽을 잡게 된다. 우리 시대 가족들의 유쾌하지 못한 소통부재의 현실이 공감대를 형성하는 탓이다.

극의 대미를 장식하는 이 짧은 말 속에는 물과 기름처럼 겉도는 대화 없는 가족들의 현실이 함축되어 있다. 사실 여기에서의 가부장적인 아버지는 겉으로는 엄격하고 무서워 보이지만 이빨 빠진 호랑이에 불과한 고개 숙인 가장의 모습이다. 아들을 향한 설득이나 감동, 공감할 만한 대화보다는 '밥 묵자'라는 명령조의 말로 대화를 끊으며 아버지의 권위를 지키려 한다.

제멋대로인 아버지, 다소 엉뚱하고 뜬금없는 어머니, 언제나 말썽만 피우는 아들, 이 셋의 주무대는 식탁이다. 겉으로는 대화를 나누고 있는 것 같지만 속내를 들여다보면 대화라기보다는 어색한 침묵을 깨기 위해 툭 던지는 상용어투일 뿐이다. 아버지는 묻고 어머니와 아들은 대답하고 대화가 끊기면 그저 묵묵히 식사를 이어갈 뿐이다.

만약 이 장면이 실제 우리 가족의 모습이라면 개그 프로처럼 가볍게 웃고 넘어갈 수 있을까? 억지로 이어가는 대화는 금방 티가 나기 마련이다. 자녀교육의 가장 으뜸은 '소통의 기술'이다. 자녀들의 마음을 구석구석 읽어주고, 요구에 적절하게 반응하고 공감해주는 소통법이야말로 자녀의 심신을 건강하게 해주는 첫걸음이다.

"네가 그러고도 공부하는 학생이냐?"

요즘 들어 부쩍 아이에게 이런 질책을 많이 한다면 먼저 부모 자신의 상태를 살필 필요가 있다. 마음의 여유가 없을 때는 아이에게 화풀이를 하는 경우가 많기 때문이다.

자녀는 어른들의 화풀이 도구가 아니다. 바쁘고 고된 일상에 쫓겨 여유가 없더라도 잠시 심호흡을 한 뒤에 자신의 마음을 객관적으로 살피기 바란다. 그러다 보면 마음의 여유가 생겨 아이들의 엉뚱한 사고방식을 수용할 수 있는 폭이 넓어진다.

부모 스스로 마음의 여유를 가져야 자녀와 제대로 된 대화를 주고받을 수 있다. 대화시간은 부치적인 문제이다. 중요한 것은 양이 아니라 질임을 명심하자. 아주 짧은 시간이라도 자녀의 마음을 읽어주고 그에 공감해줄 수만 있다면 자녀의 성장에는 억만금의 가치로 다가갈 것이다.

앞뒤 말이 맞지 않아도
끝까지 들어줘라

누가 더 논리적일까?

한 아이와 엄마가 대화를 주고받고 있다. 이 아이가 지금 엄마 말을 들어야 하는지, 말아야 하는지를 생각해보자.

> "너 왜 학원 안 갔어?"
> "아, 그게……."
> "너, 대충 둘러대지 말고 엄마 보고 똑바로 말해!"
> "아, 그러니까 내가……."

"어디서 눈을 똑바로 쳐다봐!"

"……."

"너 요즘 왜 그래? 이야기해봐!"

"아, 그러니까 나는……."

"어디서 말대꾸야, 조용히 안 해!"

"……."

"너 왜 얘기 안 해, 응?"

"아니, 엄마가 하지 말라고……."

"너, 지금 엄마한테 반항하는 거야?"

"아니, 그게 아니라……."

"내가 너 때문에 동네 창피해서…… 꼴도 보기 싫으니까 당장 나가!"

"(나가려고 하자)"

"또 어디 가!"

요즘 인기 상종가를 치고 있는 개그콘서트의 '불편한 진실'이라는 코너에 나오는 한 장면이다. 실생활에서 흔히 일어날 수 있는 일을 소재로 삼았기 때문에 시청자들의 공감을 단숨에 얻어냈다.

"이야, 울 엄마하고 완전 똑같아!"

"너희 엄마도 그러니? 울 엄마도 마찬가지야."

대부분의 엄마들은 화가 났을 때 감정에 휘둘려 자기가 내뱉은 말이나 행

36

동이 앞뒤가 맞지 않는다는 사실을 모른다.

　실상 따져보면 아이들보다 어른들의 말이 비논리적인 경우가 더 많다.

　자, 또다른 상황을 살펴보자. 이 아이는 지금 선생님의 말을 들어야 할까, 말아야 할까?

> "화 안 낼 테니까 솔직히 말해봐!"
>
> "죄송해요, 제가 그랬어요."
>
> "어이쿠, 이놈의 자식이 내 그럴 줄 알았어. 저 뒤에 가서 손 들고 서 있어!"

　이 아이는 지금 무슨 생각을 하고 있을까? 솔직하게 대답한 것을 후회하고 있지 않을까? 화를 안 낸다는 선생님의 말을 철석같이 믿고 이실직고했는데, 화를 내는 것도 모자라 공개석상에서 벌까지 세운다면 아이는 다시는 선생님에게 솔직하게 대답하지 않을 것이다.

> "화 안 낼 테니까 솔직히 말해봐!"
>
> "제가 안 그랬다니까요!"
>
> "친구들이 네가 하는 걸 봤다던데?"
>
> "절대로 안 그랬다니까요!"
>
> "이 녀석이 어디서 거짓말하고 있어?"
>
> "제가 했다는 증거 있어요?"
>
> "뭐야?"
>
> "친구들이 짜고 거짓말하는 거라니까요?"

맞은 아이와 목격자들이 일제히 때린 아이의 횡포를 증언하고 있는데도, 아이는 절대로 아니라고 우긴다. 그것도 모자라 목격한 아이들을 상대로 엄포를 놓고 있다. 방귀뀐 놈이 성낸다고 하더니 꼭 그 짝이다.

이 아이는 어차피 솔직히 말해도 혼날 거고, 우기다가 들통 나도 혼날 거고, 혼나기는 매한가지니까 우기는 게 장땡이라고 생각한 게 틀림없다. 이 사태를 유야무야 넘기면 문제는 더욱 심각해진다. 우겨서 승리를 경험한 아이는 앞으로 비슷한 일이 벌어질 때마다 자신의 잘못된 행동을 더욱 더 정당화시킬 것이기 때문이다.

이렇듯 아이들의 잘못된 행동을 키우는 것은 어른들이다. 화를 안 낸다고 했으면 분명히 약속을 지켜야 하고, 지키지 못할 약속이라면 입 밖으로 내지 말았어야 했다.

자, 이번에는 아이들끼리 주고받는 대화를 살펴보자.

"내가 사회자 할 테니까 너희들은 발표자 해."

"너만 왜 만날 사회자니? 선생님이 역할을 돌아가면서 하랬잖아."

"난 사회자 아니면 안 할 거야."

"넌 저번에도 했잖아. 이번에는 우리가 할 차례거든."

"그럼 난 안 해. 니들끼리 잘해봐."

38

"선생님이 한 명도 빠지면 안 된다고 했단 말야."

"그러니까 내가 하겠다잖아. 너희들 내 꿈이 아나운서인 거 알지?"

"알아. 하지만 우리도 할 권리는 있다구."

"무슨 소리야. 사회자는 아무나 하는 게 아냐!"

"그런 게 어딨어?"

"너희들 짰니? 왜 떼거리로 나만 공격하는 거야!"

스피치 학원에 다닌다는 이 아이는 자신의 말재주 하나만 믿고 듣는 귀를 막아버렸다. 학원 선생님도 최고라고 추켜세우고, 부모님도 앞에 나설 수 있는 자리라면 무조건 기회를 잡으라고 가르치다 보니, 아이는 듣는 귀보다 말의 주도권을 쥐는 것이 능사라는 잘못된 인식이 박히게 된 것이다.

어른들은 이 아이에게 아나운서의 정확한 언어구사력과 음성만 가르칠 게 아니라 청중과의 원활한 소통을 끌어낼 수 있는 듣기의 중요성도 함께 가르쳤어야 했다. 그랬더라면 이 아이가 반 친구들이 기피하는 토론대상 1호가 되지는 않았을 것이다.

부모의 듣기 태도가 중요하다

"귀가 둘이고 입이 하나……."

"선생님, 저 그거 알아요."

"현우야, 선생님 말을 끝까지……."

"그거 《탈무드》에 나오는 말이잖아요."

"맞긴 하지만 선생님이 질문하려던 건……."

"아, 《랍비의 이야기를 담은 책》 맞죠?"

"현우야, 선생님의 이야기를 끝까지……."

"그럼 이건가? 말하기보다 듣기를 두 배로 하라는 뜻?"

"맞아. 하지만 네가 중간에 끼어드니까 다른 친구들이 제대로……."

"아싸, 내가 맞췄다. 역시 나는 천재야!"

국어의 네 가지 영역인 '말하기, 듣기, 읽기, 쓰기' 중에서 가장 많은 비중을 차지하는 언어활동은 무엇일까?

바로 듣기이다. 그다음이 말하기, 읽기, 쓰기 순이다.

평소 우리의 듣는 활동이 말하는 양의 두 배, 읽는 양의 네 배, 쓰는 양의 다섯 배나 된다고 하니 듣기 영역이 얼마나 중요한지를 알 수 있다. 다시 말하면 듣기가 제대로 되지 않으면 일상생활에 지장을 초래한다는 뜻이다.

아이의 하루 일과를 떠올려보면 금방 이해가 될 것이다.

아침에는 알람시계 소리를 듣고 일어나고, '빨리 밥 먹고 학교 가라'는 엄마의 잔소리를 들으며 등교하고, 학교나 학원에서는 선생님의 강의를 듣고, 쉬는 시간에는 친구들의 얘기를 듣고, 집에 와서는 텔레비전 방송을 일방적으로 듣는다.

하지만 이처럼 듣기가 일상의 대부분을 차지하는데도 불구하고 요즘 아이들은 듣기 능력이 가장 떨어진다. 평소 우리가 읽기와 쓰기만을 강조하기 때문이다. 읽기와 쓰기 영역에 관련된 책들은 무수히 많다. '초등학생이 꼭 읽어야 할 위인전, 세계명작, 전래동화 읽기'라든지 '맛있는 일기 쓰기, 독후감 쓰기, 받아쓰기' 등등.

그러나 문제는 듣기 태도가 안 되어 있는 아이들이 너무 많다는 데 있다.

잘 듣는다는 것은 의미를 이해하는 것과 예절 바른 자세 모두를 포함하는 것이기 때문에 가정에서나 학교에서나 듣기 영역을 가장 일선에 놓아야 한다. 국어 교과서의 이름이 '말하기 · 듣기'에서 '듣기 · 말하기'로 변경된 것도 이와 무관하지 않을 것이다.

그러므로 일상생활에서부터 바른 듣기 태도를 길러주어야 한다. 아이들은 부모의 대화방식으로부터 듣고 말하는 법을 배우기 때문이다.

아이의 듣기 태도를 탓하기 전에 우선 부모의 듣기 태도가 올바른지를 점검해보자.

1. 나는 아이의 이야기를 끝까지 듣는 부모인가?
2. 나는 아이의 이야기를 집중해서 듣는 부모인가?
3. 나는 아이가 말할 때 끼어들지 않는 부모인가?
4. 나는 부드럽고 밝은 표정으로 관심을 가지고 이야기를 듣는 부모인가?

아이의 말을 끝까지 들어줘라

미술시간에 쓰고 남은 래커로 아파트 담벼락에 내 이름과 전화번호를 써놓고 왔다. 그랬더니 경비아저씨가 우리 집에 와서 아이들 교육을 어떻게 시켰느냐며 고래고래 소리를 지르고 갔다. 엄마는 자기 이름을 쓰는 바보 같은 아들을 둬서 온 동네 창피 다 당했다며 나를 북어 패듯이 두들겨 팼다. 엄마, 죄송해요. 다음부터는 내 이름 대신 다른 애 이름을 쓸게요. 정말 죄송해요.

도대체가 앞뒤 말이 맞지 않는 반성문이다. 다음번에는 자기 이름이 아닌 다른 애 이름을 쓰겠다니. 아이는 크게 혼이 났지만 정작 잘못이 무엇인지를 깨닫지 못했다.

이 문제의 발단은 자존심이 구겨진 엄마가 감정에 휩쓸려 자초지종을 묻지 않은 채 회초리부터 든다는 데 있다. "왜 그랬니?"라는 물음에서 출발했다면 이런 황당한 반성문은 나오지 않았을 것이다. 감정에 휩쓸려 내뱉은 말이 아이의 올바른 도덕관을 형성하는 데 방해 요소로 작용한 셈이다.

어른들 대다수는 아이들의 말에 경청하지 않는 경향이 있다. 게다가 결과만 보고 흥분해서는 원인은 묻지도 않고 아이를 다그치기 일쑤다.

현명한 부모일수록 아이들의 말에 귀를 기울인다. 감정조절이 잘 안 될 때는 심호흡을 크게 한번 한 뒤에 부드러운 목소리로 "왜 그랬니?"라고 물어보자. 그리고 앞뒤 말이 맞지 않더라도 끝까지 들어주자.

아이의 말이 이치에 안 맞다고 무시하게 되면 아이의 입은 점점 닫히고,

행동은 점점 거칠어진다. 아무리 화가 솟구치더라도 하루에 한 번만이라도 "왜 그랬니?"를 물어보고 아이의 말을 경청해보자.

아이와의 대화에서 부모의 말은 1분이면 족하다. 아이의 말에 2분 동안 귀 기울여 들어주고, 3분을 맞장구치며 공감해준다면 서로의 신뢰를 이끌어내기에 충분하다.

"이 창은 어떤 방패로도 막지 못하는 창이고, 이 방패는 어떤 창으로도 뚫지 못하는 방패요."

중국 초나라의 한 상인이 창과 방패를 팔면서 한 말이다.

우리는 이처럼 수많은 말의 모순 속에서 살아간다. 하물며 이제 막 세상 나들이에 나선 아이들이야 말해 무엇하겠는가. 이것이 바로 아이들이 모르는 것은 당연하다는 것을 염두에 두고, 아이의 말을 끝까지 들어주는 인내심 강한 부모가 되어야 하는 이유이다.

아이의 대답을 놓고
옳고 그름을 논하지 마라

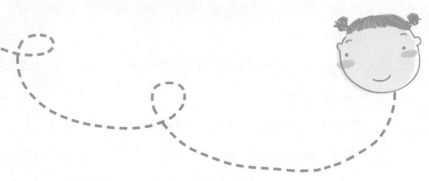

어른들의 이분법적인 사고가 문제다

"내 동생은 한 살이야."

"아냐. 금방 태어났으니까 빵 살이야."

"웃기시네, 한 살 맞거든."

"아니거든. 아직 일 년이 안 됐으니까 빵 살 맞거든."

"울 엄마가 빵 살은 없다고 했거든?"

"울 아빠가 미국에서는 빵 살부터 시작한다고 했거든."

"울 엄마가 맞거든."

"울 아빠가 맞거든."

"울 엄마는 선생님이라서 뭐든지 다 알거든."

"울 아빠는 대학교수라서 더 잘 알거든."

아이들은 대개 의견이 충돌할 때 경쟁이라도 하듯 언성을 높이며 자기의 의견을 내세운다. 그런데 간혹 선생님들이 "네 말도 맞고, 또 네 말도 맞아"라고 말해주면 아이들은 백에 백 다 실망을 한다. 정답은 하나여야 하는데 왜 둘이 다 맞느냐고 항변하는 아이도 있다. 둘 중에 하나는 맞고 하나는 반드시 틀려야 한다는 이분법적인 사고에 길들여져 있기 때문에 좀체 다른 사람의 의견을 수용하려 들지 않는다.

아이들은 왜 그렇게 자신이 맞고 다른 사람이 틀리는 것에 집착하는 걸까? 아이의 멘토 역할을 해야 할 부모가 분쟁이 생길 때마다 '맞다, 틀리다'의 이분법적인 사고로 해결해왔기 때문이다. 예전부터 그렇게 교육받아 왔고, 지금도 그렇게 살고 있고, 앞으로의 자식 세대에도 그렇게 해야 한다고 여기는 까닭이다.

이런 이분법적인 환경 속에서 사는 아이들은 문제에 대한 다양한 생각을 하지 못하고, 사물을 다양한 측면에서 바라보는 시각을 갖지 못한다. 그래서 늘 맞고 틀리는 것에만 민감해져서 자신의 의견이 남과 다르면 언성을 높여가며 싸우고, 그것도 모자라 박박 우기는 사태까지 가는 것이다.

아이의 이분법적인 사고방식을 해결할 수 있는 방법이 딱 하나 있다. 부모가 먼저 이분법적인 사고에서 벗어나면 된다. 부모는 자식의 거울이기 때문이다.

황희 정승의 긍정적 대화법을 배워라

어느 날 황희 정승이 집에 돌아오니 집안의 두 여종이 다투고 있었다. 둘 중의
한 여종이 황희 정승 앞으로 나와 자신의 생각이 옳다고 주장을 하였다. 가만히
얘기를 듣고 있던 황희 정승은 "네 말이 맞다" 하며 맞장구를 쳤다. 이 말을 들은
다른 여종이 자신의 입장을 설명했다. 역시 끝까지 듣고 난 황희 정승은 "그래, 네
말도 맞다"라고 말했다.

옆에서 이 광경을 가만히 지켜보던 부인이 황희 정승을 책망하며 물었다.

"대감, 하나가 옳으면 다른 하나는 그른 것이 정상이거늘 어찌하여 이쪽의 말도
옳고, 저쪽의 말도 옳다고 하십니까? 도대체 이런 판결이 어디 있습니까?"

부인의 말을 들은 황희 정승은 "부인 이야기도 맞소"라고 대답하였다.

너무도 당연하다는 듯한 황희 정승의 태도에 세 사람은 모두 웃고 말았다.

세 가지가 모두 옳다는 뜻의 '삼가정승(三可政丞)'이라는 고사성어는 황희
정승의 일화에서 비롯된 것이다. 황희 정승이 어찌 분별력이 없고 시시비비
를 가릴 줄 몰랐겠는가? 한 여종의 이야기에 분명히 옳은 점이 있었기에 맞
다고 했고, 다른 여종의 이야기에도 옳은 점이 있었기에 맞다고 했고, 부인
의 이야기에도 옳은 점이 있었기에 맞다고 한 것이다.

황희 정승의 행동이 바로 긍정적 사고의 대표적인 예일 것이다. 사물에는

반드시 좋고 나쁜 점이 함께 있는데, 늘 좋은 점을 선택하는 자세가 바로 긍정적 사고이다.

긍정적인 말은 아이들의 인성 발달이나 사회생활에 지대한 영향을 미친다. 특히 가장 가까운 관계에 있는 부모로부터 '예쁘다, 착하다, 최고다' 등의 긍정적인 말을 듣고 자란 아이는 더욱 더 긍정적인 자아가 형성된다는 보고가 있다.

꾸지람보다는 관용과 칭찬을, 미움보다는 인정과 사랑을, 놀림보다는 용기와 격려를 줄 수 있는 말을 하자. 칭찬은 고래도 춤추게 한다지 않는가.

아이 스스로 답을 찾도록 기다려줘라

"입학의 반대말은 뭐게?"

"졸업."

"땡."

"왜 땡이야? 처음 학교에 들어올 때 입학식을 하고, 6학년을 다 마치고 나갈 때 졸업식을 하니까 맞는 거지."

"아냐, 틀렸어. 퇴학이야."

"어째서?"

"입학은 한자 뜻 그대로 학교에 들어가는 거고, 퇴학은 학교를 그만두는 거니까."

"그런게 어딨어. 졸업도 맞잖아?"

"아냐, 한자로 '들 입'의 반대말은 '물러날 퇴'야. 결혼식을 잘 생각해봐. 신랑신부 입장과 퇴장을 외치잖아. 신랑신부 퇴장할 때 신랑신부 졸업이라고 하면 아마 모두 웃을걸."

"야, 그럼 우리가 졸업식 노래를 부를 때 '빛나는 퇴학장을 받은 언니께 꽃다발을 한 아름 선사합니다~'라고 해야 맞다는 말이니? 그게 말이 된다고 생각해?"

한 아이가 낸 퀴즈 하나로 온갖 비유가 난무했고, 아이들은 두 갈래로 나뉘어 열띤 토론을 벌였다. 각각 자신이 속한 팀의 의견에 힘을 싣기 위해 여러 가지 검증된 자료를 찾느라 분주한 모습도 보였다. 사전을 찾아보는 아이, 컴퓨터로 검색하는 아이, 선생님에게 물어보는 아이 등등.

소란스럽고 복잡한 한바탕 토론 끝에 아이들은 반대말이 꼭 하나가 아니고 상황에 따라 여러 개가 될 수 있음을 알아냈다.

"시끄럽게 왜 난리들이야?"

선생님이 그 소란스러운 상황을 참다못해 '정답은 이거야'라고 단정지어버렸다면 아이들은 토론의 즐거움을 만끽하지 못했을 것이다.

이처럼 어떤 갈등 상황에 직면했을 때는 어른이 처음부터 개입하여 결론을 내주는 것보다 아이들 스스로 다양한 답을 찾아보도록 기다려주는 것이 좋다. 어른들의 조급증이 아이들의 생각하는 힘과 사고력을 망치는 지름길이 될 수 있음을 명심해야 한다.

아이의 속마음을
들어줘라

왜 나만 뭐라 그래요?

> "왜 나만 뭐라 그래요. 씩씩."
> "이놈의 자식이 친구를 이렇게 만신창이로 만들어놓고 그래도 할 말이 있어!"
> "씨씨, 선생님은 제 말은 들으려고도 하지 않잖아요?"
> "뭘 잘했다고 큰소리야! 친구의 얼굴 좀 봐! 어떻게 되어 있나."

한 아이의 얼굴에 빨간 색연필로 줄을 그은 듯한 선명한 상처가 나 있다.
한 군데도 아니고 손가락 수만큼 여러 군데 상처가 깊게 패어 있다. 잘못하면 얼굴에 흉터가 생길지도 모르니 성형외과에 가보라는 보건선생님의 말을 듣고서는 더욱 화가 치민다.

"도대체 이게 몇 번째야! 어떤 상황에서도 폭력은 안 된다고 했지?"
"쟤가 먼저 날 놀렸단 말이에요!"
"놀린다고 너처럼 그렇게 마구잡이로 할퀴니?"
"참으려고 했는데 자꾸만 따라다니면서 놀리잖아요. 왜 나만 뭐라 그래요?"

선생님이 자신의 말은 들어주지도 않고 다친 아이의 얼굴에만 신경을 쓰자, 할퀸 아이는 선생님을 잡아먹을 듯 노려보며 악을 쓴다. 다친 아이가 내가 언제 그랬느냐며 약올리듯 종알대자, 할퀸 아이는 선생님에게 잡혀 있으면서도 허공에 대고 다친 아이를 향해 분노의 발길질을 해댄다.

넘겨짚지 말고 상황을 정확히 판단하라

친구를 놀리는 게 습관이 된 아이와 그로 인해 주먹을 휘두르는 아이의 다툼이 육탄전으로 이어지는 상황은 아이들이 노는 공간이라면 어디에서건 흔히 일어나는 사건이다.

그런데 이런 상황에 처하면 어른들은 누구랄 것도 없이 친구의 얼굴을 할퀸 아이를 혼낸다. 현장을 지켜보았던 급우들도 모두 할퀸 아이가 잘못했다고 외치고, 보건선생님도 성형외과에 가야할 만큼 상처가 깊다고 말하고, 담임선생님도 다친 아이를 처치하느라 정신이 없다. 결국 코너에 몰렸다고 생각한 아이는 자신의 잘못을 잊고 악을 쓴다.

"왜 나만 뭐라 그래요?"

"이놈의 자식이 매번 안 그런다고 하면서 이렇게 사고를 치니 내가 너를 어떻게 믿어?"

흥분이 최고조에 달했을 때 어른들이 쉽게 내뱉는 말이다. 하지만 이 말 속에는 '너는 문제아'라는 부정적인 인식이 진하게 깔려 있다. 어른들은 평소에는 네 마음을 충분히 이해한다고 되풀이하다가도 막상 급박한 상황에 처하면 눈에 보이는 잘못만 나무란다.

좀 더 현명한 어른이라면 양쪽의 말을 다 들어주고 잘잘못을 가리는 지혜를 발휘했을 것이다.

"왜 그랬어? 네가 많이 참으려고 노력했다는 거 선생님은 알고 있었거든. 이번에도 참아주었으면 좋았을 텐데……."

"제가 잘못한 거 알아요. 선생님이 어떤 일이 있어도 참아야 한다고 해서 참으려고 했는데 울 엄마 욕을 하잖아요. 그래서 저도 모르게 손이 먼저 나갔어요."

"그런 일이 있었구나."

"선생님, 이번에도 못 참아서 죄송해요. 다친 친구가 어떻게 되었는지 병원에 가보구요. 직접 가서 사과할게요."

아이의 눈높이에 맞춰 나지막한 목소리로 물으면 아이도 '왜'라고 물어주는 그 한마디에 금세 누그러지며 자신의 잘못을 반성하기 마련이다.

엉뚱함 속에 가끔 감동이 숨어 있다

"준호야, 넌 자라서 무엇이 되고 싶어?"

"난 멋진 사채업자가 될 거야."

"뭐, 사채업자?"

"어, 사채업자들은 엄청 부자야. 집도 으리으리하고, 마당도 운동장만 하고, 폼 나는 자동차도 몇 대나 되고, 금고에는 이따만 한 금들이 꽉꽉 들어차 있어."

"뭐, 그걸 꿈이라고 말하고 있어?"

"왜, 얼마나 멋진데? 다 큰 어른들도 그 사람들 앞에서는 쩔쩔매는걸?"

"그게 멋진 거야? 사채업자가 뭔지나 알고 하고 싶다는 거야?"

"왜 몰라, 가난한 사람에게 돈을 빌려주는 사람이잖아?"

"으이구, 도대체 네 머릿속엔 뭐가 들었니?"

어떤 부모든 아이의 꿈이 사채업자라고 한다면 기가 차서 헛웃음부터 나올 것이다. 판사나 의사도 아니고, 사채업자가 꿈이라니. "으이구!"라며 꿀밤을 먹이는 부모도 있을지 모르겠다.

"준호야, 사채업자는 부당하게 비싼 이자를 받는 나쁜 사람들이야."

"비싼 이자?"

"그걸 고리대금이라고 해."

"이자를 얼마나 붙이는데?"

"예를 들어 준호 네가 돈이 필요해서 10,000원을 빌렸다면 갚을 때는 15,000원을 갚아야 해."

"그런게 어딨어? 난 10,000원밖에 안 빌렸는데……."

"이자가 눈덩이처럼 불어나서 100,000원이 되기도 해."

"뭐, 100,000원? 난 그렇게 큰돈 없는데?"

"시간이 더 지나면 1,000,000원까지 달라고 하기도 해."

"완전 도둑놈이잖아!"

"근데 준호는 왜 사채업자가 되고 싶다고 했어?"

"엄마가 만날 돈 없다구 했잖아. 그래서 돈 많이 벌어서 엄마가 좋아하는 돈을 금고 안에 가득 넣어주려고 했지."

아이가 이런 엉뚱한 말을 한다면 사채업자의 부조리를 거창하게 설명할 필요도 없다. 그 나이 또래에 피부로 와닿는 용돈을 대입하면 쉽게 이해할 것이다. 자신이 갚아야 할 용돈이 기하급수적으로 늘어나는 걸 보면서 아이는 분통을 터트리고, 사채업자가 나쁘다고 말하는 이유를 실감할 것이기 때문이다. 또한 아이의 엉뚱한 대답에 실망하기보다는 그 이유를 차분히 물어보자.

아이에게서 어떤 감동 어린 대답이 나올는지 알 수 없는 일 아닌가.

아이의 감정을 읽어주는 부모가 되어라

"똑같이 공부하고 똑같이 학교 가고 똑같이 학원에 다니는데 왜 성적이 이 모양이야. 학원을 안 보내줬니, 필요한 걸 안 사줬니. 뭐가 부족해서 성적이 이 따위냐구. 누구 때문에 내가 이렇게 돈을 버는데. 하나밖에 없는 자식이 참 도움이 안 돼요! 나는 화장품까지 아끼면서 네 교육비에 다 투자하는데 넌 왜 이 모양이니? 도대체가 살맛이 안 나, 살맛이!"

아이들에게 아낌없이 투자하면 나중에 모든 것을 보상받을 수 있다고 생각하는 부모들이 이런 말을 곧잘 내뱉는다. 아빠는 돈 버는 게 최선이라 생각하고, 엄마는 콩나물 값을 아껴서 학원을 하나 더 보내야 한다는 신념을 갖고 있다. 그러다 보니 아빠는 돈 버느라 아이와 대화할 시간이 없고, 엄마는 자녀에게 투자하는 것이 최고라는 일념으로 아이의 사교육에 올인한다.

아이가 원하는 것은 다 사주고 뒷받침을 해주지만 정작 아이의 마음을 읽어주지는 못한다. 아이와 노는 방법도 모르고 대화도 거의 없다.

삼각김밥의 유통기한은 하루이고, 라면을 끓이는 데 걸리는 시간은 3분, 부모와 자녀의 하루 평균 대화시간은 35초라고 한다. 그 귀한 35초를 이런 투정으로 흘려보낼 것인가?

아이에게 자신의 인생을 걸지 말고, 모든 책임을 자식에게 전가하려 하지 말고, 비록 35초일지언정 진정으로 아이의 속마음을 읽어주는 대화를 하기 바란다. 아이의 감정과 생각을 읽어주는 대화는 기본 중에서도 기본이다.

WHY 대화가 안 되는
이유는 따로 있다

2장

WHY 대화가 안 되는

"네가 퍽이나 잘하겠다!" 이 말에는 "너는 어제도 잘못했고, 오늘도 이렇게 사고를 쳤으니 내일도 잘못할 게 틀림없다"는 엄마의 판단이 깔려 있다. 인격을 무시당한 아이는 분노와 좌절감을 가슴에 차곡차곡 쌓아두게 된다. 그리고 그 분노와 좌절감은 나중에 "엄마가 하는 일이 늘 그렇지 뭐"로 되돌아올지 모른다.

고정관념을 깨야
사고의 틀이 넓어진다

남자는 파란색, 여자는 분홍색이어야 해요!

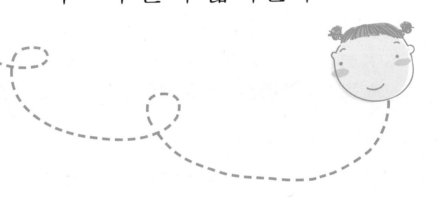

"분홍색 싫어요, 파란색으로 바꿔주세요."

"분홍색이 어때서?"

"그건 여자애들이 갖는 거니까요."

"색깔에 무슨 남자 여자가 있어?"

"그거 들고 다니면 친구들이 놀린단 말이에요."

"꼭 바꾸고 싶니?"

"네."

어린이날을 앞두고 파란색과 분홍색이 딱 절반씩 섞여 있는 필통이 선물로 들어왔다. 그런데 남녀학생 비율이 같지 않다 보니 문제가 생긴 것이다. 누구랄 것도 없이 남학생은 파란색을, 여학생은 분홍색을 집다 보니 맨 끝에 남은 남학생이 분홍색을 받게 되었다. 그 아이가 왜 자기만 분홍색이냐며 항의를 해온 것이다. 혹시 남학생 중에 바꿔줄 사람이 있느냐고 물었지만 아무도 없었다. 그러자 아이는 어린이날을 앞두고 눈물 콧물을 짰고, 결국은 구입한 곳에서 바꿔주기로 했다.

우리는 왜 이렇게 색에 대한 편견을 갖게 되었을까? 태어나면서부터 남자에겐 냉정과 이성을 상징하는 파란색을, 여자에겐 부드러움과 따뜻함을 상징하는 분홍색을 암묵적으로 강요해온 탓이 아닐까?

교실을 온통 수놓고 있는 분홍색 가방과 파랑색 가방, 하얀 실내화에 칠해진 파란색과 분홍색 테두리가 그것을 증명한다. 한 남학생이 어느 날 분홍색 가방을 메고 온다면 아이는 틀림없이 남학생들의 무차별적인 공격을 받게 될 것이다.

얼굴을 꼭 살색으로 칠해야 하나요?

"얘, 무슨 얼굴 색깔이 그러니?"

"뭐가 어때서?"

"얼굴은 살색으로 칠해야 하는 거야."

"이거 얼굴색 맞는데?"

"세상에 알록달록한 얼굴 색깔이 어딨어?"

"이건 술 취했을 때 아빠 얼굴이고, 이건 새파랗게 질린 엄마 얼굴이고, 이건 동생이 아플 때의 얼굴이고, 이건 축구하고 난 뒤에 그을린 내 얼굴이야."

"아, 그래서 얼굴이 빨강, 파랑, 노랑, 검정이구나!"

어른들은 흔히 이렇게 말한다. 빨간색을 많이 쓰는 아이는 충동적이고 공격성이 강하고, 검정색을 많이 쓰는 아이는 공포나 정서 불안에 시달린다고.

하지만 문제는 아이가 아니라 고정관념의 틀에서 벗어나지 못하는 어른들에게 있다. 얼굴색은 꼭 살색으로 그려야 한다는 생각에 집착한 나머지 다른 색을 칠하면 아이를 나무라거나 호들갑을 떨어댄다.

그럴 게 아니라 되레 얼굴은 살색이라는 고정관념을 가뿐하게 깬 아이의 놀라운 관찰력에 박수를 보내야 한다. 시시각각 상황에 따라 변하는 얼굴색을 발견해서 표현해낸 아이 아닌가!

상상력을 자극하는 질문을 던져라

"절에 가서 빗을 팔 수 있을까?"

"에이, 말도 안 돼요."

"왜 말도 안 돼?"

"스님은 머리가 빡빡이잖아요."

"머리카락이 없다고 빗을 사용하지 말란 법은 없잖아?"

"머리를 빗을 일도 없는데 당연히 안 사죠."

이런 상황에서 빗을 팔 수 없다는 생각에 사로잡힌 아이는 기존의 사고범위를 벗어나는 게 어려울 것이다. 이처럼 이미 존재하고 있는 사실을 있는 그대로 받아들이는 것을 수렴적 사고방식이라 한다.

"절에 가서 빗을 팔 수 있을까?"

"당연히 팔 수 있죠."

"어떻게?"

"빗으로 머리를 두드리면 혈액순환에 좋다고 하면 돼요."

"아하, 빗는 용도가 아니라 건강용품으로 판다 이거지?"

"그럼요, 뭐든지 생각하기 나름이죠."

이처럼 팔 수 있다고 생각하는 아이는 기존의 사고범위를 뛰어넘어 가능성의 범위를 최대한 확장시킨다. 이미 존재하고 있는 지식을 이용하거나 아주 새로운 방법을 떠올리는 확산적 사고를 하기 때문이다.

아이가 수렴적 사고의 틀에서 벗어나 확산적 사고를 하게 하려면 같은 현상에 대해서도 다른 생각을 할 수 있는 특별한 질문을 해야 한다.

이를테면 "흥부는 착할까 나쁠까?"라고 묻기보다는 "네가 만일 흥부였다면 어떻게 행동했을까?"와 같은 확산적 질문을 해야 한다.

확산적 사고는 특히 상상을 통해 길러진다. 아이의 대답에 대해 '옳다, 그르다'를 논하는 대신 꼬리에 꼬리를 무는 질문을 건네면서 아이들의 생각을 무한대로 뻗어나가게 하자.

정형화된
사고의 틀을 깨라

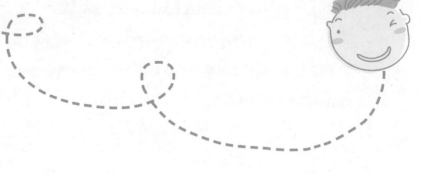

저는 양말부터 신는데요!

다음은 교과서에 제시된 옷 입는 순서이다.

남자 어린이 : 팬티 → 러닝셔츠 → 양말 → 바지 → 웃옷 → 겉옷

여자 어린이 : 팬티 → 러닝셔츠 → 속치마 → 양말 → 치마 → 웃옷 →

겉옷

> "선생님, 꼭 이 순서대로 옷을 입어야 하나요?"
> "전 팬티부터 안 입고 러닝셔츠부터 입거든요."

"저는요, 양말부터 신어요."

"선생님, 속치마가 뭐예요?"

"여자는 꼭 치마를 입어야 하나요?"

"이거 시험문제 나오면 어떡해요?"

실과시간에 '옷 입는 순서'가 나오자 아이들의 질문이 끝도 없이 이어진다. 자신이 평상시에 입는 순서와 달랐기 때문이다.

남학생들의 경우 팬티를 제일 먼저 입는다는 의견이 가장 많았지만, 러닝셔츠를 먼저 입는다는 아이, 양말을 먼저 신는다는 아이도 많았다. 여학생들의 경우에는 속치마가 뭐냐고 묻는 아이가 가장 많았고, 평소에 바지를 즐겨 입는데 치마를 꼭 입어야 하느냐고 묻는 아이도 있었다.

이 질문에 당장 난감한 건 선생님이었다. 사실 선생님조차도 양말부터 먼저 신는 버릇이 있었고, 요즈음의 치마에는 안감이 달려 있어서 굳이 속치마를 챙겨 입지 않기 때문이었다. 속옷을 겉옷에 겹쳐 입는 '세미아웃웨어'가 유행인 이 시대에 교과서는 아직도 구태의연하게 속치마 입는 순서를 가르치라고 하니 '난감한 선생님'이 될 수밖에…….

아이를 서커스단의 코끼리로 키우지 마라

유리상자 속에 살았던 벼룩은 사람이 지시하는 일정한 높이만큼만 뛴다. 일정한 높이를 가진 유리상자에 갇혀 살았기 때문에 유리상자에서 내놓아도 여전히 자기 머리 위에는 투명유리가 있다고 생각하기 때문이다.

　서커스단의 코끼리는 몇 톤의 무게도 들 수 있을 만큼 힘이 세다. 그러나 사람에게 길들여진 코끼리는 작은 말뚝에 매놓아도 꼼짝하지 못한다. 어려서부터 굵고 튼튼한 쇠말뚝에 묶여 자라왔기 때문에 자기가 묶여 있는 말뚝을 움직일 수 없다는 고정관념에 사로잡혀 있기 때문이다.

　이 이야기 속의 벼룩과 코끼리처럼 사람들도 수많은 장애물에 부닥치기 마련이다. 어떤 이는 그 난관을 끈기를 가지고 이겨내는가 하면, 어떤 이는 부정적인 경험으로 인해 자신의 천부적인 재능을 5~10퍼센트밖에 발휘하지 못하기도 한다.

　"네가 뛰어봤자 벼룩이지 뭐."

　"무식하게 코끼리처럼 덩치만 크면 다야!"

　정형화된 사고의 틀 속에 아이를 가두어 놓고 질책만 하는 것은 아닌지 다시 한번 생각해보자. 사랑하는 자녀가 유리상자 속의 벼룩이나 서커스단의 코끼리처럼 자신이 얼마나 큰 능력을 갖고 있는지를 평생 깨닫지 못하고 살게 된다면 얼마나 불행한 일인가?

어른이 무조건 옳다는 편견을 버려라

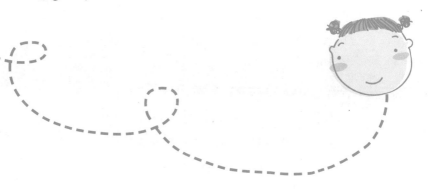

그냥 엄마아빠가 시키면 시키는 대로 해!

"너, 아직도 TV 보고 있는 거야?"

"조금만 더 보면 안 돼요?"

"빨리 네 방으로 들어가 공부해!"

"아, 조금만 더요. 다 안 보면 내내 궁금하단 말이에요."

"셋 셀 때까지 TV 끄고 방으로 들어가라. 하나, 둘, 셋!"

명령이 곧 아이와의 대화방법인 아빠가 있다. 아이가 정말 원하는 것이 무엇인지 이해하려 하지 않는 아빠의 전형적인 스타일이다. 아이의 성장을 인정하지 않고 항상 어린이로만 생각하기에 아이의 주장이나 요구에는 전혀 귀 기울이지 않는다.

"너 숙제해놓고 논다고 했어, 안 했어?"

"했지만 오늘은 그럴 기분이 아니에요."

"어제도 그제도 논다고 숙제 안 했잖아. 무슨 변명이야."

"변명 같지만 어제도 오늘도 정말 기분이 쑥대밭이었어요."

"네 기분에 따라 약속을 어겨도 된다는 말이니?"

"엄마는 언제든지 자신이 하는 약속을 지켜요?"

"이놈의 자식이 어디서 꼬박꼬박 말대꾸야."

"말대꾸가 아니라 제 기분을 알아달라는 거예요."

"갈수록 입만 살아가지구 네 행동이나 먼저 똑바로 해."

아이의 의견을 말대꾸라고 생각하는 엄마가 있다. 말대꾸는 어른 입장에서는 버릇없는 행동일 수 있지만 아이 입장에서는 자신의 의사표현이다. 말대꾸를 많이 한다는 것은 그만큼 아이가 자신에게 쏟아지는 불합리한 태도에 대해 할 말이 많다는 얘기다.

이런 일이 자꾸 반복되다 보면 아이는 자신의 마음을 몰라주는 엄마를 점점 더 무시하게 된다. 따라서 아이와 의견이 다를 때는 윽박지르는 듯한 큰소리로 말문을 막는 대신 아이의 눈높이에 맞는 충분한 대화로 조율해야 한

68

다. 아이가 아직은 어리다는 생각으로 지시하거나 명령하는 말투로 거칠게 말하지 말고, 질문이나 권유하는 말투로 바꿔 부드럽게 말하는 것이 좋다.

"그냥 엄마아빠가 시키는대로 해!"

이 같은 부모의 권위적인 명령으로는 아이를 변화시킬 수 없다는 것을 명심하기 바란다.

어른들의 말이 무조건 옳다는 착각에서 벗어나라

"엄마, 나 친구들하고 놀러 가면 안 돼?"

"그건 목표도 없이 흥청망청 사는 사람들의 얘기야."

"야구부 애들과 함께 가기로 했단 말야."

"얘가 지금 무슨 소릴 하는 거야? 조금 있다 과외선생님 오실 거야."

"주말까지 공부해야 해? 내가 뭐 공부하는 기곈가?"

"학생의 본분이 뭐야? 배우는 사람이란 뜻이야."

"알아, 하지만 오늘은 친구들하고 놀러가고 싶어."

"남들하고 똑같이 놀다가는 상위 클래스에 오를 수 없어."

"난 그런 클래스 따윈 관심 없어."

"하여튼 어려서 세상물정을 몰라요. 엄마가 하라는 대로 해!"

"쳇, 뭐든지 엄마 마음대로야."

요즘에는 친구들과 어울리는 것마저 시간 낭비라고 생각하는 부모들이 부쩍 늘었다. 하지만 이렇게 자란 아이는 공부를 잘해서 명문 대학에 갈지는 몰라도 자라는 내내 '왕따'를 당하기 십상이다.

주위는 돌아보지 않고 상위 클래스 진입을 위해 오로지 공부만 파는 아이의 삶은 행복할까?

문제집 한 권 더 푸는 것보다 인생의 동반자인 친구 한 명 사귀는 것이 더 소중할 수 있다. 놀이터에 가면 그들의 공통 관심사인 야구도 있고, 자신과 성향이 비슷한 친구들도 있고, 어울려 노는 과정에서 협동심도 배운다.

만약 내 아이가 세상물정을 알게 될 나이가 되었을 때, "상위 클래스의 부모가 되려면 수다나 떨지 말고 영어학원에 좀 다녀"라고 말한다면 당신의 심정은 어떻겠는가?

지금 우리 아이에게 필요한 것은 과외선생님이 아니라 우정과 친목을 다질 수 있는 진짜 친구이다. 부모가 원하는 공부에 얽매어 기쁜 일이 있을 때나 슬픈 일이 있을 때 함께해 줄 친구들을 떠나보내고 있는 아이들이 안타까울 때가 참 많다.

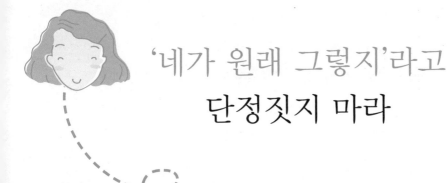

'네가 원래 그렇지'라고
단정짓지 마라

우리 애는 원래 그러니 그냥 내버려두세요

"1학년 때부터 그랬어요. 다른 선생님들도 두 손 두 발 다 들었어요."

"떼쓰면 아무도 못 말려요. 그냥 내버려둬야 해요."

쓸데없이 교실을 돌아다니고, 느닷없이 괴성을 지르고, 제지하면 더욱 화를 내는 한 아이를 보고 반 아이들이 했던 소리다.

"선생님도 들어서 아시겠지만, 우리 애가 원래 좀 그래요. 공부는 못해도 괜찮아요. 할아버지 재산 물려받으면 되거든요. 다른 아이들에게 놀림당하지 않도록 각별히 신경써주시면 좋겠어요."

학기 초에 아이의 학부모가 상담을 와서 담임선생님에게 한 말이다. 제멋대로인 행동을 제지하지 말고 내버려두란다. 아이의 상태가 어떻든 졸업만 시키면 된다는 식이다. 한마디로 방치하라는 뜻이다.

"올해는 골치 좀 아프겠어."

"일 년 내내 그 아이랑 씨름해봐. 그럼 우리 마음 알 거야."

"그냥 내버려둬. 고치려 들면 머리 아파."

작년에 그 아이를 가르친 선생님, 재작년에 가르친 선생님, 과거에 그 아이를 가르친 선생님이 일제히 충고를 한다. 괜히 교육자의 사명에 불타서 긁어 부스럼을 만들지 말라며 손사래를 친다.

과연 이 아이의 학교생활은 어떨까? 친구들도 선생님도 부모님도 방치하는 상태다 보니 아이는 어디에 있든 없는 취급을 받는 투명인간이 된다. 그런 무관심에 아이의 나쁜 행동은 해가 갈수록 심해지기 마련이다.

"우리 애가 원래 그래요. 그냥 내버려두세요."

혹여 이런 부모가 있다면 아이의 자존감을 여지없이 뭉개버리는 가장 위험한 발언이자, 아이를 망치는 지름길임을 유념하기 바란다.

나는 돌아다녀도 아무도 꾸중 안 해!

"으액!"

"복도에서 왜 소리 지르고 그래?"

"으액!"

"공부시간이야, 빨리 교실에 들어가."

"나 공부하기 싫어."

"왜?"

"그거 다 아는 거야."

"안다고 이렇게 수업시간에 돌아다니니?"

"그거 학원에서 다 배운 거라니까."

"그래도 교실에 들어가서 공부해야지."

"재미없어."

"담임선생님이 널 찾으실 거야."

"우리 선생님은 내가 돌아다녀도 절대로 꾸중 안 해."

이 아이의 문제행동의 원인은 부모의 그릇된 양육태도와 함께 그 행동을 무한허용한 담임선생님에게 있다.

"귀한 자식 매 한 대 더 때리고, 미운 자식 떡 하나 더 준다"는 속담도 있지 않은가? 아이의 행동을 무조건 허용하는 방법은 오히려 해가 된다는 사실을 명심하기 바란다.

네가 하는 일이 늘 그렇지 뭐!

> "쨍그랑!"
>
> "으이구, 네가 하는 일이 늘 그렇지 뭐."
>
> "엄마를 도우려고 그런 건데……."
>
> "그러기에 왜 안 하던 짓을 하고 그래!"
>
> "죄송해요, 제가 치울게요."
>
> "쓸데없는 짓 그만두고 가서 공부나 해!"
>
> "다시 하면 잘할 수 있어요."
>
> "이렇게 사고쳐놓고 네가? 퍽이나 잘하겠다."

부모가 아끼는 물건을 깨뜨렸을 때 화가 나서 아이를 혼내는 경우를 종종 볼 수 있다. 예상치 못한 처참한 현장을 눈으로 목격하게 되면 감정 섞인 말이 나오는 게 인지상정이다.

하지만 이것만은 알아두어야 한다. 깨뜨린 물건은 다시 살 수 있지만, 아이의 마음에 생긴 상처는 치유하기 어렵다는 사실을 말이다.

이런 것들이 자꾸 누적되면 아이의 자존감은 형편없이 무너져내린다.

"네가 퍽이나 잘하겠다!"

이 말에는 "너는 어제도 잘못했고, 오늘도 이렇게 사고를 쳤으니 내일도 잘못할 게 틀림없다"는 엄마의 판단이 깔려 있다. 부모로부터 이런 말을 듣는 아이가 얼마나 큰 좌절감을 느낄지를 생각해보자.

인격을 무시당한 아이는 분노와 좌절감을 가슴에 차곡차곡 쌓아두게 된다. 그리고 그 분노와 좌절감은 나중에 "엄마가 하는 일이 늘 그렇지 뭐"로 되돌아올지 모른다.

아이가 부엌일에 서툰 것은 당연하다. 그러니 비꼬는 말로 아이의 마음에 비수를 꽂는 대신 이렇게 말해보면 어떨까?

"그래, 네 손아귀 힘이 아직 발달하지 못했나 보구나. 좀 더 힘이 세지면 도와주렴."

편견 속에 아이를 가두지 마라

1950년대 미국 남부에 살았던 사라라는 여자아이는 날마다 버스를 타고 학교에 갔는데, 흑인이라는 이유로 항상 뒷자리에만 앉아야 했다. 앞자리는 백인들만 앉을 수 있도록 법으로 정하고 있었기 때문이다. 어느 날 버스 앞쪽이 궁금했던 사라는 앞쪽에 자리를 잡고 앉는다. 버스 운전사는 사라에게 버스 뒤쪽으로 가며 소리를 지른다. 본능적으로 법이 옳지 않다고 생각한 사라는 말을 듣지 않았고 경찰에 체포되기에 이른다. 기자들과 소문을 들은 사람들이 경찰서 주위로 몰려든다. 경찰서에서 풀려난 사라는 부당한 법에 대항하는 용감한 아이로 신문에 소개되고 사라의 용기에 자극을 받은 사람들은 '버스 승차거부 운동'을 시작한다. 결국 법은 바뀌게 되었고, 사라는 당당하게 버스 앞쪽에 자리를 잡게 되었다.

《사라, 버스를 타다》는 미국 흑인 인권운동의 시발점이 된 실화를 바탕으로 엮은 이야기 그림책이다. 이 책의 실제 주인공인 로사 팍스 여사는 앞자리에서 일어나라는 강요를 받았지만 이를 거부하여 체포되었다. 이때부터 '몽고메리 승차거부 운동'이 시작되었고, 마틴 루터 킹 목사가 이 운동을 이끌게 된다.

《사라, 버스를 타다》는 우리에게 차별의 순간에 맞닥뜨렸을 때 어떻게 해야 하는지, 나와 다름을 어떻게 받아들여야 하는지, 더불어 자신의 권리를 당당하게 주장할 수 있는 용기와 자신감을 깨우쳐준다.

혹시 우리 부모들도 '흑인은 원래 그렇게 대우받아도 돼'라는 지독한 편견처럼 '내 아이가 원래 그렇지 뭐'라는 편견으로 가득 차서 내 아이를 뒷좌석에 밀어넣고 있는 것은 아닌지 뒤돌아볼 필요가 있다.

제대로 칭찬하는 기술은
따로 있다

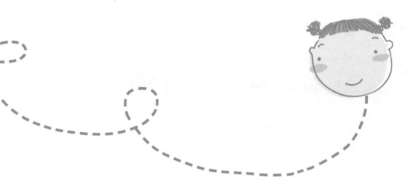

둘 다 잘했다는 건 인정할 수 없어요

"콩쥐가 반에서 몇 등 했는지 알 수 있을까요?"

"네? 팥쥐가 아니구요?"

"콩쥐라는 애가 우리 팥쥐보다 시험을 더 잘 쳤다고 떠들고 다니잖아요. 걔는 중위권이고 우리 애는 원래부터가 상위권이었는데 그럴 리가 없거든요."

"죄송합니다. 다른 아이의 성적은 공개할 수가 없습니다."

"살짝 저한테만 알려주세요. 선생님한테 들었다는 말은 절대 안 할게요."

"그건 절대 안 됩니다."

지금 팥쥐 엄마에게 중요한 것은 자녀의 성적이 아니라 자신의 상처 입은 자존심이다. 늘 모든 면에서 팥쥐보다 한 수 아래라고 생각한 콩쥐에게 진 것이 분해서 부모가 상처를 입은 것이다. 참 이상한 것이 초등학교 성적표에는 석차가 기재되지 않는데도 학부모들은 기가 막히게 석차를 알아낸다. 그러면서 우리 아이와 다른 아이의 성적을 끊임없이 비교하고, 그 결과에 놀라서 펄쩍펄쩍 뛴다. 아이의 성적이 곧 부모의 석차라고 여기는 탓이다.

"선생님, 누가 더 발표를 잘했어요?"
"둘 다 잘했어."
"그게 아니고 누가 더 잘했느냐고요!"
"팥쥐 넌 아나운서처럼 듣는 이가 정확하게 알아들을 수 있도록 또박또박 발표했고, 콩쥐는 개그맨처럼 듣는 아이들이 지루하지 않게끔 발표를 재미있게 했어. 그래서 둘 다 잘한거야."
"콕 집어서 누가 더 잘했는지 말해주세요."
"선생님은 둘 다 잘했다고 생각해."
"우리 선생님은 정말 이상해. 왜 솔직하게 말해주시지 않지?"

발표를 하든 무엇을 하든 끈질기게 누가 제일 잘했느냐고 묻는 아이들이 있다. 최고는 하나여야 하고 둘 다 잘한다는 것은 절대 인정할 수 없다고 생각하기 때문이다. 이런 아이는 자신이 제일 잘했다는 말을 들을 때까지 묻고 또 묻는다. 이런 현상은 늘 비교대상에서 우위를 차지한 아이일수록 심하다. 무엇이든지 1등을 해야 직성이 풀리는 천재 지상주의 엄마가 1등 지상주의 아이를 만들어낸 결과물이다.

칭찬을 하려거든 제대로 해라

사람은 누구나 칭찬을 받고 싶어한다. 또한 타인으로부터 자신의 능력을 인정받는 순간 자신도 모르는 초능력을 발휘하기도 한다.

내 아이를 천재로 만드는 일곱 가지 칭찬의 기술을 배워보자.

1. 결과보다는 과정을 칭찬하라

"이번에 전교 일등했다면서!"보다는 "그동안 얼마나 많은 노력을 했겠니, 정말 수고했어"라는 칭찬이 더 낫다. 공부하느라 남들처럼 놀고 싶은 것도 못 놀고, 하고 싶은 것도 제대로 못한 것을 알아준다는 것만으로도 힘이 되기 때문이다. 과정을 칭찬해주면 다음에 더 힘든 일이 닥쳤을 때도 아이는 포기하지 않고 최선을 다하게 된다.

2. 타고난 재능보다는 의지를 칭찬하라

"하여튼 머리 하나는 타고 났어"보다는 "너의 부지런함을 누가 따라가겠니?"라는 칭찬이 더 낫다. 그래야 자신이 이룩한 성과가 노력에 의해 얻어낸 결과물임을 깨닫게 된다. 그래서 어떤 문제에 봉착하든 타고난 머리만 믿기보다는 열심히 하려는 의지를 갖게 된다.

3. 나중보다는 지금 즉시 칭찬하라

"참, 지난번에 엄마를 도와줘서 고마웠어"보다는 "오늘 네가 도와준 덕분에 일을 쉽게 끝냈어"라는 칭찬이 더 낫다. 시간이 지나면 기억이 흐려지는 것처럼 뒷북치는 칭찬의 효과 또한 흐려지기 마련이다. 목마를 때 마시는 한잔의 물이 가장 달듯이 아이가 뿌듯함을 느낄 때 즉시 칭찬하는 것이 훨씬 더 효과가 크다.

4. 큰 것보다는 작은 것을 칭찬하라

"전국대회에서 대상을 받았다면서!"라는 칭찬보다는 "국어시간에 받아쓰기 백 점 맞았다면서!"라는 칭찬이 낫다. 아주 소소한 일을 잘해냈을 때 칭찬해야 작은 것을 소홀히 하지 않는다. 전교에서 일 등을 한 것, 전국대회에서 상을 받은 것만 칭찬하게 되면 아이는 '큰 것 한방'의 심리를 기대하면서 작은 일을 소홀히 하게 된다. 큰 둑을 무너뜨리는 것은 작은 구멍이었음을 명심하자.

5. 구체적으로 칭찬하라

"넌 뭐든지 잘해!"보다는 "넌 달리기를 잘해"라는 칭찬이 더 낫다. 뭐든지 잘한다는 것은 자신이 무엇을 잘하는지 모른다는 것과 상통한다. 아이가 잘하는 것에 대해 자신감을 갖도록 구체적으로 언급하여 자긍심을 살려줘야 한다.

6. 사적으로보다 공적으로 칭찬하라

"너한테만 하는 말이지만 넌 참 춤을 잘 춰!"보다는 "이번에 학급대표로 장기자랑에서 춤을 멋지게 춘 정현이를 칭찬합니다"라는 칭찬이 낫다. 혼자 있을 때 칭찬을 듣는 것보다 여럿이 있을 때 칭찬 듣는 편이 더 고무되기 때문이다. 반대로 꾸지람을 할 때는 조용히 불러서 야단을 치는 것이 좋다.

7. 말로만 칭찬하지 말고 물질적인 보상을 주어라

"이번에 성적이 올랐구나. 참 잘했어"보다는 "지난번보다 성적이 20점이나 올랐구나. 그래서 네가 좋아하는 떡볶이 만들어 놨어!"라는 칭찬이 낫다. 아이들은 돈 안 드는 수백 마디의 말보다 눈에 보이는 뜻깊은 선물에 반응한다. 아이들에게 주는 선물은 아주 작은 스티커 한 개, 사탕 한 알, 피자 한 조각, 떡볶이 한 접시로도 충분하다. 괜스레 큰 것을 약속하여 아이를 좌절시키지 말고 소소한 칭찬 선물을 준비해보자.

뱀장어는 어떻게 최고점수를 받았을까?

동물 나라에서 새로운 미래에 대비하여 학교를 세웠다.

학교에서는 달리기, 나무타기, 공중 날기, 헤엄치기 등의 교과목을 만들고 이들 과목을 중심으로 시험을 치러 입학생을 선발했다. 오리, 토끼, 다람쥐, 독수리, 뱀장어가 각자의 특기를 자랑하며 당당하게 입학했다. 학교에서는 이 학생들에게 모든 교과목을 다 잘하도록 꼼꼼하게 운영계획을 짜고 열심히 가르쳤다. 학생들은 희망에 부풀어 선생님이 가르치는 대로 모두가 열심히 했다.

오리는 헤엄치기는 잘했지만 공중 날기는 겨우 낙제점을 면했고 달리기는 형편없었다. 때문에 달리기 점수를 올리기 위해 방과 후에도 남아 달리기 연습을 했다. 그러나 달리기 연습에만 매진한 나머지 헤엄치기에 게을러졌고, 물갈퀴가 너덜너덜해져 잘하는 헤엄치기조차 평균점수밖에 얻지 못했다.

토끼는 누구보다도 달리기에 뛰어났기 때문에 학교생활에 자신감을 가지고 있었다. 그러나 헤엄치기는 형편없었다. 헤엄치기를 배우느라 신경쇠약에 걸려 다른 교과목에서도 낙제점을 받는데, 그로 인해 나중에는 달리기마저 소홀해지고 말았다.

다람쥐는 나무타기에서는 아무도 따를 자가 없었지만 자기 적성에 전혀 맞지 않는 공중 날기 연습에 무리를 해서 근육에 자주 쥐가 났다. 그 때문에 나무타기 점수도 형편없이 떨어졌다.

독수리는 나무타기를 시키면 큰 날개를 펄럭이며 금방 나무 꼭대기까지 올라갔다. 그러나 선생님은 그렇게는 안 된다고 했다. 독수리는 자기 방식으로 나무에 올라가도록 해달라고 부탁했지만 학교에서는 허락하지 않았다. 그래서 공중 날기 선수인 독수리는 결국 문제아가 되었다.

결국 졸업식에서는 헤엄치기를 잘하고 달리기와 나무타기도 조금은 하고 공중 날기까지 약간 할 줄 아는 비정상적인 뱀장어가 최고점수를 얻어 졸업생 대표로 답사를 읽었다.

한편, 굴 파기에 뛰어난 실력을 가진 들개들은 학교 교과목에 굴 파기 과목이 없어 입학조차 하지 못했다. 그들은 학교에는 못 들어갔지만 교육세는 꼬박꼬박 물어야 했다. 할 수 없이 그들은 오소리에게 개인지도를 받았다. 이 들개들은 나중에 자기들처럼 학교에 들어가지 못한 굴 파기를 잘하는 땅돼지와 뒤쥐 등과 힘을 합해 각자의 특기를 마음껏 키워나가는 사립학교를 세웠다. 이 학교는 모든 동물들이 좋아하는 학교가 되어 크게 성공했다.

조지 리비스의 우화 《동물학교》의 내용이다. 이 우화는 동물들이 가지고 있는 각각의 개성이 얼마나 소중한지를 가르쳐주고, 모두 다 잘하려다가는 하나도 제대로 못하게 된다는 어리석음을 깨우쳐준다.

이것도 잘해야 하고 저것도 잘해야 하고, 그래서 영어학원으로 수학학원으로 메뚜기처럼 뛰어다니는 요즘 아이들의 처절한 생활이 떠오르는 이야기다. 내 아이는 만능이 되었으면 하는 이 시대의 부모들이 꼭 한번 읽어봐야 할 우화가 아닌가 생각한다.

아이의 강점 지능을 먼저 계발하라

"우리 아이 아이큐가 150이나 나왔어요. 지능지수로는 완전 천재인데 도대체가 공부에 관심이 없어 걱정이에요. 자기 머리가 좋은지도 모르고 만날 공이나 차고 놀기만 하니 이 노릇을 어떻게 하면 좋을까요?"

한 어머니의 하소연이다. 분명히 아이큐상으로는 전체의 2퍼센트를 차지한다는 148 이상인데, 성적은 늘 중하위권에서 맴돌고 있으니 복장이 터질 노릇이란다.

그러나 어머니가 간과한 것이 하나 있다. 다중지능검사에서 이 아이는 신체운동지능이 강점 지능으로, 언어지능이 약점 지능으로 나왔다. 그 결과를 도외시한 채 아이가 잘하는 부분은 무시하고, 아이가 못하는 부분만 강조하다 보니 이런 사태에까지 이른 것이다. 아이가 진저리치게 싫어하는 언어 관련 학원만 보내다 보니 가뜩이나 흥미가 없는데 더욱 더 흥미를 잃게 된 것이다.

현재 아이가 좋아하고 흥미를 갖고 있는 강점 지능을 계발한 뒤에 약점 지능을 보완했다면 아이의 반응이 달랐을지도 모른다. 아이가 이렇게까지 공부에 흥미를 잃은 까닭은 부모의 편협한 양육태도와 오로지 공부만 강조하는 교육환경의 결과물임을 알아야 한다.

천재가 되고도 남을 아이들을 공부하라고 몰아세우지 말자. 어쩌면 부모의 과도한 욕심이 천재로 태어난 아이를 둔재로 만들 수도 있으니.

아이의 자신감을 키우는
WHY 대화법

3장

아이에게 무언가를 강요하기 전에 선행되어야 할 것은 바로 '이해'이다. 부모가 왜 그런 요구를 하는지를 아이에게 이해시키는 것이 무엇보다 중요하다. 하지만 대부분의 부모들은 이런 절차를 무시하고 질책부터 한다. 야단을 치더라도 잘못된 행동을 지적하는 것일 뿐 아이를 여전히 신뢰한다는 메시지를 함께 전달해야 한다.

아이의 눈높이에 맞춰
대화하라

아이들에게 어른들의 기준을 강요하지 마라

"어휴 숨 막혀. 교탁이 너무 높아."

"높다니요? 제 키에 맞게 짜맞추느라 얼마나 힘들었는데요?"

"높기도 하지만 부피도 커."

"교탁이라는 게 책을 올려놓기 위해 만든 탁자잖아요? 그러니까 제가 팔을 편안히 기댈 정도는 되어야죠."

"글쎄, 아이들의 눈높이부터 먼저 고려해야 하는 거 아닐까?"

"그러려면 교탁이 있어야 할 존재가치가 없지요. 선생님한테 필요하니까 있는 거잖아요."

"내가 볼 땐 교탁이 교실의 중심부에 있어 무척 위압적인 데다가, 칠판의 반이 가려져서 조금 문제가 될 것 같아."

"전 이렇게 교탁이 높아야 수업이 잘 된다니까요? 너무 흡족해요."

"그렇다면 할 수 없지만……."

교탁만큼은 자신의 마음에 들어야 한다는 후배의 신념은 너무나 확고했다. 네 다리에 각목을 덧대서 만든 교탁은 정말이지 위압적이었다. 워낙 키가 큰 편이어서 교탁의 높이도 높아졌던 것이다. 교실 중앙에 떡하니 버티고 있는 흉물스러운 교탁을 당장 갖다버리라고 하고 싶은 마음이 굴뚝같았지만, 교탁만큼은 자신의 마음에 들어야 한다는 후배의 의지가 너무나 확고했다.

자신의 논리정연한 생각을 고집스럽게 펼치는 후배에게 다음의 이야기를 들려주고 싶었다.

미국의 스미스소니언 박물관에서 있었던 일이다.

관람객 중 키 큰 중년의 신사 한 분이 그림 앞에만 가면 무릎을 구부려 키를 낮춘 자세로 그림을 올려다보는 것이었다. 주위에 있던 관람객들이 그의 그림 감상법이 하도 이상해서 그 이유를 물었다.

"왜 그러십니까? 무슨 일이 있습니까?"

"저는 초등학교 선생님인데 내일 학생들과 함께 이곳에서 현장학습을 하기로 했습니다. 그래서 아이들 눈높이에서 그림을 보면 어떻게 보일까를 알아보기 위해 먼저 아이들의 눈높이로 그림을 보는 중입니다."

아이들이 바라보는 세계는 어른들이 바라보는 세계와 많은 차이가 있다. 어른들 눈에는 하찮게 보이는 개미의 출현에 아이들이 열광하는 것도, 딱지 하나의 소유권을 놓고 목숨을 걸다시피 싸우는 것도, 모두 어른들과 아이들의 눈높이가 다르기 때문인 것이다.

아이의 눈높이로 세상을 바라봐라

누구네 아빠는 화가 나면 이유없이 무조건 때리구요, 누구네 엄마는 왕자 모시듯 다 해줘서 아이를 마마보이로 만들구요, 누구네 아빠는 아이가 어떻게 하든지 관심도 없구요, 누구네 엄마는 무엇이든지 하지 말라고 해요.

폭력을 휘두르는 아빠, 마마보이로 만드는 엄마, 방임하는 아빠, 억압하는 엄마에 대한 아이들의 판단이다. 아이들이 어른의 세계에 무심한듯 보여도 친한 친구의 부모에 대해서는 이렇게 정확한 판단을 내릴 줄 안다. 부모가 자식의 친구들에 대해 관심이 많듯 아이들도 친구의 부모에 대해 관심이 많기 때문이다.

자, 지금부터 소개하는 몇 가지 유형의 부모 중에서 아이들의 눈높이에 맞게 대화를 하는 부모는 몇 번인지 생각해보자.

① 친구처럼 가깝게 지내는 민주적 권위형 부모는 아이의 의견을 잘 수렴한다. 잘못에 대해 화를 내거나 때리는 대신 엄격하게 말로 타이른다. 이런 부모 밑에서 자란 아이는 정서지능이 높고, 스스로 선택하고 결정하는 자율성과 판단력이 높아 자신감에 차 있다.

② 감정의 억제를 강조하는 감정 억압형 부모는 이성을 중시한다. 이런 부모 밑에서 자란 아이는 평소 자신의 감정이 무시당했다고 느끼기 때문에 감정 대처가 잘 안 되고 자신감도 부족하다.

③ 무조건 억누르려는 경향이 강한 독재 지배형의 부모는 무엇이든 마음대로 하려 한다. 이런 부모 밑에서 자란 아이는 부모에 대한 반감과 거부감을 갖고 있지만 보복이 두려워서 평소에 표현하지 못하다가 한꺼번에 폭발하는 경향이 있다.

④ 바람 불면 날아갈까 애지중지하는 과잉보호형 부모는 아이의 일거수일투족을 신경 쓰느라 늘 피곤하고 긴장하는 편이다. 이런 부모 밑에서 자란 아이는 작은 문제도 스스로 해결하지 못하는 마마보이나 파파걸이 되기 쉽다.

⑤ 뭐든지 다 받아주는 과잉허용형 부모는 자녀를 못된 아이, 버릇없는 아이로 자라게 한다. 이런 부모 밑에서 자란 아이는 자기조절 능력이 떨어지

고 충동억제가 안 되어 사회성에 문제가 생긴다.

　답은 당연히 ①번이다. 친구처럼 가까운 민주적 권위형 부모는 아이를 부모의 소유물이 아니라 자신의 삶을 가진 하나의 인격체로 바라보는 바람직한 자녀관을 가지고 있다. 또한 이들은 아이의 입장이 되어 진정으로 공감하며 진지하게 대화하는 태도를 가지고 있다.

　아이의 눈높이로 세상을 바라보는 일은 쉽지 않겠지만 노력 없이 좋은 부모가 될 수는 없다. 아이가 행복하면 부모도 덩달아 행복해진다. 그러므로 자녀양육법에 대한 공부를 게을리하지 말고 민주적 권위형 부모가 되기 위해 끊임없이 노력해야 할 것이다.

가족 간의 토론시간을
만들어라

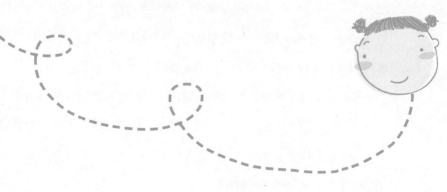

아이와 소통하는 날을 정하라

"선생님, 오늘만 별명 부르기 하면 안 될까요?"

"왜?"

"이름만 부르니까 재미없어서요."

"글쎄……."

뜨뜻미지근하게 대답해놓고 보니, 그렇게 하는 것도 재미있을 것 같아 당장 새로운 날을 정했다.

토요일을 닉네임을 부르는 날로 정한 것이다. 그래서 우리는 토요일을 '토닉의 날'로 부른다.

칠판에 좌석 배치도대로 네모 칸을 그린 다음 아이들에게 불리고 싶은 닉네임을 자기 칸에 적으라고 했다. 아이들은 누구랄 것도 없이 먼저 뛰쳐나와 너도나도 색색의 보드펜을 쥐고 자기 이름 밑에 별명을 써내려갔다. 빨간색, 파란색, 초록색, 검정색의 닉네임이 하얀 보드판 위를 가득 수놓았다.

슈퍼마리오, 실버스노우, 사람, 져니, 주전자, 목탁, 용광노님, 엄지공주, 책벌레, 이쁜예술, 게임짱, 팝송, 해피엔젤, 피카츄, 허니킴, 정간호사, 교수, 발레리나, 물탱크, 댄싱퀸, 김치우동, 호박, 딸기소녀, 싸움왕, 발차기왕, 잠돌이두용, 우리반민씨, 피아노잘치는아이, 쾌걸수민, 실버웰, 아이시스, 반해결사.

아주 짧은 시간에 별칭을 지어내는 아이들의 순발력이 놀랍기만 했다. 불러서 기분 좋은 별명이라면 천 번이고 만 번이고 불러줘도 좋으리라.

아이들은 이것 말고도 소소한 재밋거리를 찾아내서 학교생활에서 즐거움을 만들려고 애쓴다.

"아이엠그라운드 해요!"

"스피드퀴즈 해요!"

"기차놀이 해요!"

"369게임 해요!"

아이들을 가르치는 교사이기에 대화보다는 훈육이 먼저고, 집단생활에서의 규칙을 우선으로 하기 때문에 늘상 '피해주지 마라, 배려하라, 규칙을 지켜라'와 같은 지시일변도의 말이 앞서기도 하지만, 이렇게 가끔 한 번씩 이탈을 허용하는 이유는 딱 하나다. 선생님과 아이들의 정신건강에 이만큼 좋은 것이 없기 때문이다.

집안에서도 하루에 한 번, 단 10분만이라도 아이들이 원하는 것을 허용해주는 분위기를 만들어준다면 아이들은 천금을 얻은 것처럼 좋아할 것이다.

가족 토론시간을 만들어 아이들의 생각을 들어줘라

"엄마, 우리 가족도 토론하면 안 돼요?"

"무슨 토론?"

"현우네 집에서는 일주일에 한 번씩 토론한대요!"

"그래서 성적이 올랐대?"

"그건 아니지만……."

"걔, 공부도 못하잖아?"

"……."

"그럼, 들을 필요도 없어. 하여튼 공부하기 싫으니까 별의별 소릴 다해요."

"우리 집도 토론하면 좋을 텐데."

"쓸데없는 소리 하지 말고 방에 들어가서 공부나 해!"

대부분의 부모들은 모든 가치를 공부나 성적과 연관시키는 경향이 있다.

그래서 공부와 관련이 없다 싶으면 아이의 요청을 매몰차게 잘라버린다.

아이가 토론을 하고 싶다는 말은 부모에게 할 말이 있다는 얘기이고, 부모와 공감대를 형성하고 싶다는 마음의 표현이다. 질책을 하기 전에 '얼마나 대화가 고팠으면 먼저 토론을 하자고 했을까?'라고 먼저 아이의 마음을 읽어주었어야 했다.

대화의 창구는 뭐니뭐니해도 피를 나눈 부모님이 최고다. 엄마아빠는 편하게 대화할 수 있는 최고의 멘토이기 때문이다.

"그걸 생각이라고 한 거야!"라고 나무라거나 "그딴 말은 들을 필요도 없어"라며 아이의 생각을 단칼에 잘라버리는 일방통행식의 부모는 문제가 많다. 이런 환경에서 자란 아이는 부모와 자녀와의 관계가 불안정하거나 눈치를 보는 경우가 많다. 이런 부모들은 대부분 놀잇감이 많아도 아이가 어지를까 봐 만지지 못하게 하고, 옷이 더러워진다고 흙장난도 마음껏 못하게 하고, 집 밖은 위험하다고 내보내지 않고 방 안에서 키운다.

"그래, 아빠가 오면 한번 의논해 보자꾸나."

"네가 이번 주 토론주제를 잡아보겠니?"

아이가 부모에게 대화를 요구한다면 아이가 자신의 생각을 자유롭게 말할 수 있도록 편안한 분위기를 조성해야 한다. 그렇지 않으면 이 시대 아이들에게 꼭 필요한 창의력이나 표현력을 키워줄 수 없다.

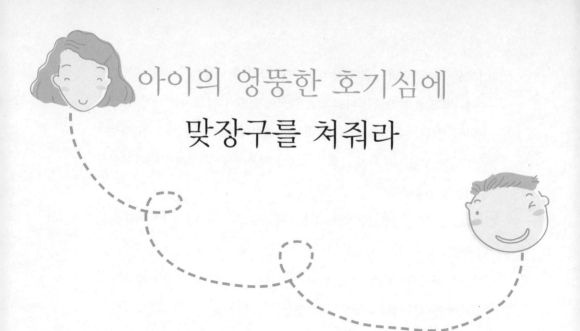

아이의 엉뚱한 호기심에
맞장구를 쳐줘라

아이들에게 가장 필요한 건 '공감'

"교장선생님, 저희 좀 도와주세요!"

"왜 수민아."

"살구가 익었는데요, 키가 안 닿아요."

"그걸 맛보고 싶은 게로구나."

"교장선생님은 키가 대빵 크잖아요?"

"그런데 어쩌지, 내 키로도 손이 안 닿는데……."

"에이, 실망이다."

"이렇게 하면 되겠다. 목마를 태워줄 테니까 네가 따렴."

"와, 신난다. 교장선생님 최고!"

늘 근엄하고 경직된 교장선생님의 모습만 보다가 아이들과 스스럼없이 지내는 키다리 교장선생님을 내 눈으로 직접 목격했을 때는 한마디로 충격이었다.

아침이면 교문 앞에 서서 등교하는 아이들을 일일이 쓰다듬어주고, 수업 시간에는 교정에 떨어진 쓰레기를 줍고, 쉬는 시간에는 교장실을 들락거리는 아이들의 말벗이 되어주고, 방과 후에는 앵두나 살구 같은 열매를 따서 주머니에 넣어두었다가 아이들에게 나눠주는 게 교장선생님의 하루 일과였다.

아이들은 어려운 일이 생길 때면 교장선생님부터 찾았고, 교장실은 언제나 아이들의 발걸음으로 문전성시를 이루었다. 사소한 일로 들락날락하는 아이들이 귀찮아서라도 문을 닫아놓을 법도 한데 교장실 문은 늘 열려 있었다.

아이들의 눈높이에서 아이들의 마음을 이해하고 공감해주는 키다리 교장선생님 같은 분이야말로 이 시대의 진정한 교육자상이 아닐까 생각해본다.

"똥개님, 안녕하세요?"

"도대체 뭐하는 거야?"

"어, 똥개한테 인사하는 거야."

"왜?"

"내가 인사한다는 것을 아나 모르나 궁금해서."

"그래, 똥개가 인사를 받아주든?"

"아니, 멍하니 쳐다만 봐."

"엄마도 해볼까?"

"응."

"똥개야 안녕! 엄마 인사도 받아주질 않는데?"

"알았어. 똥개는 인사를 모른다는 걸로 결론 났어. 끝!"

　길을 가다 우연히 만난 똥개한테 내 아이가 인사를 한다면 당신은 어떻게 할 것인가? 쓸데없는 짓을 한다며 나무랄 것인가? 그 놀이에 함께 동참해 줄 것인가?

　만약 아이를 나무랐다면 아이는 똥개를 만날 때마다 그런 엉뚱한 행동을 계속할 것이다. 그 아이는 심심했을 뿐이고, 그 순간에 문득 떠오른 '똥개는 내가 인사한다는 것을 알까?'라는 생각이 사실인지를 확인하고 싶었을 뿐이다.

　어른들도 문득 엉뚱한 호기심이 생길 때가 있지 않은가? 평소에 자주 이용하던 버스를 타고 가다가 어느 날 문득 '이 노선의 종착지는 어디일까?'가 궁금해 버스 종점까지 가본 적은 없는가? 첫사랑과 닮은 사람을 보고 '첫사랑은 지금 뭘 하고 있지?' 하는 궁금증이 일어 인터넷으로 검색해본 적은 없는가?

통개에게 인사한 아이의 호기심은 유치하고, 첫사랑의 근황이 궁금해 이름을 넣고 검색해본 것은 유치하지 않은가? 아이나 어른이나 대상만 다를 뿐 호기심과 궁금증은 늘 생겨나기 마련이다.

아이가 문득 엉뚱한 상상력을 발휘한다면 당신도 그에 동참해 아이가 되어보라. 어린 시절로 되돌아가 아이와 공감대를 형성하면 모든 대상이 즐겁고 흥미로워질 것이다.

아이의 실수,
통 크게 넘어가라

도전하는 의지력에 박수를 보내줘라

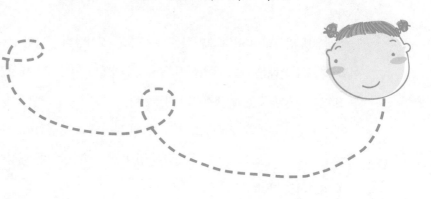

"선생님, 이번에 상을 못 받아와서 죄송해요."

"아냐, 괜찮아. 네가 열심히 했으면 그걸로 된 거야."

"그래도 많이 실망하셨죠?"

"선생님은 열 번도 더 떨어져봤는데, 뭘 그깟 거 가지고……."

"정말요?"

"그럼, 여러 번 실패를 맛보아야 성공의 기쁨도 큰 거야."

"그래도요."

학급 대표로 출전했다가 떨어진 아이가 풀 죽은 목소리로 말한다. 모든 대회의 속성상 수상하는 사람보다 떨어지는 사람이 더 많음에도 불구하고 아이는 수상권 내에 들지 못한 걸 무슨 큰 죄를 지은 것처럼 죄스러워했다. 아마도 어른들이 아이들의 실패에 관대하지 않은 탓이리라.

실패는 성공의 반대말이 아니다. 실패한다는 것은 실패하지 않는 또 하나의 방법을 배우는 것이고, 또한 성공할 수 있는 확률을 더 높이는 것이다. 때문에 실패한 아이들일수록 격려를 많이 해주어야 한다. 운 좋게 단숨에 성공의 열쇠를 거머쥔 아이보다는 한 분야에 끊임없이 도전하는 의지력이 강한 아이에게 박수를 보내야 한다.

영화감독 우디 앨런은 '가끔 실패하지 않는다는 것은 인생을 안이하게 산다는 증거다'라고 말했다. 자녀가 실패할 때마다 속상해하는 부모라면 이 말을 곰곰이 되새겨볼 일이다.

마음에 안 든다고 다그치지 마라

"응."

"그럼 학교 숙제는?"

"아직."

"지금까지 그것도 안 해놓고 뭐했어?"

"방 청소하느라고……."

"하라는 공부는 안 하고 도대체 뭘 한 거야?"

"설거지도 했는데……."

"하여튼 쓸데없는 짓만 골라가면서 해요."

"죄송해요."

"죄송할 짓을 하지 말아야지! 제발 공부 좀 해, 공부!"

아이는 직장에 다니는 바쁜 엄마를 위해 방 청소와 설거지를 해서 엄마를 기쁘게 해주고 싶었지만 정작 돌아오는 대답은 "숙제는 다 했어?"라는 말이다. 엄마에게 칭찬받을 거라는 기대감에 부풀어 있던 아이의 마음에 커다란 대못이 박히고 말았다.

공부가 아니라 다른 일로 시간을 다 보내서 속이 부글부글 끓었더라도 '네가 이렇게 엄마를 도와주니까 너무 좋다, 네 덕분에 훨씬 편해졌어'라고 말해주었어야 했다. 그 후에 "그럼, 이제 숙제할까?"라고 했다면 아이는 기쁜 마음으로 숙제를 할 수 있었을 것이다.

짧게 꾸짖고 통 크게 넘어가줘라

"엄마, 나 지갑을 잃어버려서 준비물을 못 샀어요."

"어휴, 내가 못살아. 넌 대체 누굴 닮아서 그렇게 덜렁대니?"

"죄송해요, 다음부터 조심할게요."

"도대체 이게 몇 번째야. 나중에는 네 엄마도 잃어버리겠다!"

아이와 벽이 생기는 가장 큰 원인은 '잔소리'이다. 성적이나 용돈, 귀가시간 등 부모는 아이에게 끊임없이 무언가를 요구하고 하지 말 것을 지시한다. 그러나 아이는 자신의 요청과 욕구가 해결되지 않은 상태에서 부모님이 하는 말을 무조건 듣기 싫은 '잔소리'로 치부해버린다.

따라서 아이에게 무언가를 강요하기 전에 선행되어야 할 것은 바로 '이해'이다. 부모가 왜 그런 요구를 하는지를 아이에게 이해시키는 것이 무엇보다 중요하다.

하지만 대부분의 부모들은 이런 절차를 무시하고 질책부터 한다. 잃어버린 돈도 아깝지만, 물건을 습관처럼 잃어버리는 아이의 행동에 대한 속상함이 더욱 크기 때문이다.

이럴 때는 질책부터 할 게 아니라 우선 아이의 마음을 읽어주고 그에 공감하는 것이 먼저다. 화내기 전에 아이의 생각을 먼저 들어본 뒤에 꾸짖는 것이 좋다. 그리고 야단을 치더라도 잘못된 행동을 지적하는 것일 뿐 아이를 여전히 신뢰한다는 메시지를 함께 전달해야 한다. 그리고 한번 꾸중을 듣는다고 해서 행동이 바로 바뀌는 것이 아니기 때문에 구체적인 방향을 제시하는 것이 좋다.

"그래, 엄마도 예전에 그런 적이 있는데 끈이 달린 지갑을 하고서야 그 행동이 사라졌단다. 넌 어떻게 했으면 좋겠니?"라고 묻는 것이 좋다.

이처럼 아이의 생각을 이해하고 공감할 수 있도록 대화의 창구를 열어 짧게 꾸짖고 통 크게 넘어가 주는 지혜로운 부모가 되기 바란다.

잔소리, 한 번 더 생각하고 하라

아이들은 부모님과 선생님으로부터 수없이 잔소리를 듣는다. 공부시간에는 자세가 조금 흐트러졌다고 훈계하고, 쉬는 시간에는 다음 시간 준비 안 한다고 훈계하고, 한 번쯤은 눈감아줘도 될 사소한 일까지 일일이 간섭을 한다.

부모든 교사든 사사건건 자기 틀에 아이를 묶다 보면 아이의 단점만 보이고 쓸데없는 잔소리를 속사포로 내뱉게 된다. 하지만 인격을 모독하는 쓸데없는 잔소리는 어른이든 아이든 듣기 싫은 법이다.

잔소리를 늘어놓을 시간에 한 번 참고 한 번 웃고 한 번 칭찬하는 것이 어른에게나 아이에게나 정신건강상 이롭다. 아이의 단점을 캐내어 하루 종일 잔소리로 일관하기보다는 장점을 찾아내 칭찬하는 것이 더 효과적이다.

"어쩜 그렇게 하는 일마다 아빠를 닮아서 잘하니?"

아이의 행동이 마음에 반밖에 들지 않더라도 아이 수준에서 조금이라도 잘했으면 칭찬해주자. 그래야만 아이의 행동에 긍정적인 변화가 일어난다.

"넌 할 수 있어"라고
용기를 복돋워 줘라

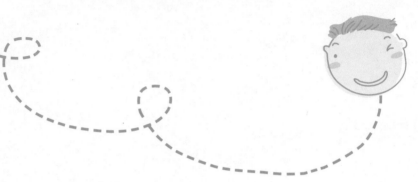

독수리도 닭으로 키우면 날지 못한다

산 중턱의 둥지 속에 독수리 알이 네 개 들어 있었다. 그런데 큰 지진이 일어나 네 개의 알 중 하나가 떨어져 산기슭에 있던 닭 농장으로 굴러 들어갔다. 닭들은 커다란 알도 자신의 알인 줄 알고 따뜻하게 품어 부화시켰다.

마침내 태어난 독수리는 자신이 닭이라고 믿으며 살았다. 독수리는 집과 가족을 사랑했지만 영혼 속에는 더 높은 것을 갈망하는 무언가가 있었다.

어느 날 독수리는 농장 마당에서 놀다가 하늘 위를 힘차게 날아가는 독수리 무리를 보았다.

"와, 멋있다. 나도 저 새들처럼 날 수 있다면……."

그러자 닭들이 비웃었다.

"너는 저렇게 날 수 없어. 너는 닭이잖아. 닭은 날 수 없단 말이야."

독수리는 계속해서 하늘을 쳐다보았지만 자신의 진짜 가족이 있는 곳으로 가지 못했다.

가끔 닭들에게 자신의 꿈을 말했지만, 그럴 수 없다는 말만 되돌아왔다.

독수리는 이내 꿈을 포기했다. 세월이 흘렀고, 독수리는 닭처럼 살다가 죽었다.

《날지 못하는 독수리》라는 우화를 읽다 보면, 독수리에게 '넌 닭이야. 날 수 없어'라고 이야기한 것처럼 아이에게 '넌 원래 그런 거 못하잖아'라는 체념의식을 심어주지 않았는지 반성하게 된다.

"넌 어떻게 된 게 동생보다 못하니?"

"네가 하는 일이 다 그렇지 뭐, 작심삼일이 한두 번이야?"

아이들에게 하는 질책을 부모 자신을 향한 질책으로 적용해보자. 그 말들이 얼마나 큰 상처가 되는지 알게 될 것이다.

아빠는 금연하겠다는 약속을 단번에 지켰는가? 엄마는 충동구매를 하지 않겠다는 약속을 실천했는가? 어른들은 실천이 말처럼 쉽지 않다는 것을 잘 알면서도 아이를 다그친다.

무슨 일이든지 무수한 실패과정을 겪어야만 성공이 값진 법이다. 그러니 아이가 단번에 성공하지 못한다고 해서 부정적인 말투로 몰아붙이지 말자. "넌 할 수 있어"라고 긍정적인 용기를 복돋워 줘라.

긍정적인 말은 우리를 희망적으로 만들고 에너지를 더욱 샘솟게 하여 성공으로 이끌지만, 부정적인 말은 그나마 있던 자신감마저 주눅 들게 해서 실패로 이끈다. 또한 부모가 전혀 인식하지 못하고 내뱉는 부정적인 말이 아이에게 큰 상처가 될 수 있다는 것을 유념하자.

"넌 닭이야. 닭인 주제에 뭐 독수리가 된다고? 꿈 깨!"

독수리가 될 수 있는 아이를 닭으로 치부하며 아이의 꿈을 짓밟고 있는 것은 아닌지 한 번쯤 뒤돌아보자.

엄마 친구 아들은 말야

"엄마 친구 아들은 말이야, 이번 시험에서 백 점 맞았대."

"엄마 친구 아들은 말이야, 어린이날에 모범어린이상을 받았대."

"엄마 친구 아들은 말이야, 하여튼 못하는 게 없어요."

"엄마 친구는 아들 자랑하기에 바쁜데, 난 자랑할 게 하나도 없어서 얼마나 창피했는 줄 알아!"

속칭 엄친아라 불리는 '엄마 친구 아들'은 사실 그렇게 많지 않은데 이상하게도 엄마 주변에는 엄친아들이 넘쳐난다. 그 엄친아들 때문에 우리 아이들은 항상 주눅이 든다.

> "우리 아들은 말이야, 이번 시험에서 평균 10점이나 올랐지 뭐야."
>
> "우리 아들은 말이야, 이번 운동회에서 달리기 1등을 했지 뭐야?"
>
> "우리 아들은 착하지, 인사 잘하지, 자랑할 게 너무 많아."

게임에 중독성이 있듯이 칭찬에도 중독성이 있다. 자주 칭찬하면서 정서적 지지를 보내면 아이들은 부모의 칭찬을 신뢰하면서 그 기대치에 맞는 행동을 하게 된다. 하지만 이런 칭찬도 갑자기 하려고 들면 쉽지 않다. 아주 사소한 것이라도 자꾸 칭찬하는 습관을 길러야 칭찬거리가 나온다.

상위 1퍼센트에 있는 엄친아와 비교해서 아이를 주눅 들게 하지 말고 크고 작은 칭찬거리를 찾아 아이를 격려하자.

변함없는 애정과 지지를 보내줘라

클린턴은 유복자로 태어나 다섯 살이 될 때까지 외조부모의 손에서 자랐다.

간호사였던 그의 어머니는 클린턴이 세 살이 되면서부터 글을 가르치기 시작했다. 이후 그녀는 자동차 판매상과 재혼하여 새 가정을 꾸렸으나, 새아버지는 술만 마시면 구타를 일삼았다.

그때 받은 정신적 상처로 인해 클린턴의 열 살 아래 동생은 훗날 마약 중독자가 되었다. 그런 와중에도 클린턴이 자신의 꿈을 이룰 수 있었던 것은 어머니와 외조부모의 격려 때문이었다.

힘들고 어려운 상황에서도 그들은 늘 클린턴에게 "넌 세상에서 가장 소중하다,

넌 뭐든지 할 수 있다"라고 용기를 북돋워 주었던 것이다.

세계적으로 성공한 인물들에게는 거의 예외 없는 공통점이 있다. 바로 변함없는 애정과 지지로 올바른 가치관을 길러준 위대한 어머니들이 뒤에 있었다는 사실이다.

'너는 할 수 있다'는 말을 자주 해줬던 클린턴의 어머니처럼 긍정적인 말은 우리를 희망적으로 만들고 높은 에너지를 샘솟게 하여 성공으로 이끈다.

그러나 다음과 같은 부정적인 말은 아이들의 무의식 속에 내재되어 좌절감을 키우게 된다.

> "넌 집안의 골칫덩어리야."
> "너만 없으면 속이 편하겠다."
> "너 같은 자식 둔 적 없다."
> "괜히 낳았다."

이것은 아이들이 부모로부터 자주 듣는 부정적인 말이라고 한다. 이런 꾸짖음을 듣는 아이들은 가출하거나 죽고 싶을 정도의 심한 모욕감을 느낀다. 그러니 시험점수 몇 점에 연연해 아이를 극단으로 몰아붙이는 대신 미래를 내다볼 줄 아는 혜안을 가지고 내 아이만의 재능을 이끌어내자. 바로 그런 부모의 믿음이 세계 무대를 두려워하지 않는 큰 인물을 키워내는 법이다.

아이들의 상상력과
열린 사고를 배워라

4장

아이에게 성공의 열쇠를 부여하고 싶은가? 그렇다면 아이를 책상 앞에 앉히고 등수라는 획일적인 잣대로 평가하는 대신. 어떻게 하면 더 많이 상상하고 그 상상을 현실화할 수 있을까를 고민하게 해야 한다. 아이를 스필버그와 같은 세계적인 거장으로 키우고 싶다면 아이가 말하는 크고 작은 아이디어와 허황된 이야기들을 포용할 줄 알아야 한다.

아이의 열린 사고는
부모의 열린 사고에서 나온다

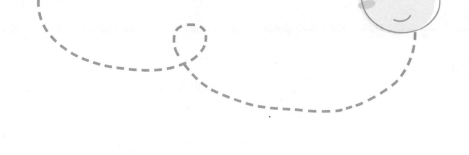

하찮은 물건이라도 아이에게는 창의력 도구

> "너, 그 시계 얼른 갖다 버려!"
>
> "왜요? 제가 아끼는 물건이란 말이에요."
>
> "서랍에 고물상을 차렸니? 어휴, 완전 쓰레기통이야."
>
> "망가져도 다 쓸데가 있다니까요."
>
> "가지도 않는 시계가 무슨 쓸모가 있어?"
>
> "그래도 하루에 두 번은 맞잖아요."
>
> "뭐라고?"

아이가 책상 앞에 조용히 앉아 있길래 공부에 집중하나 싶어 기쁜 마음으로 다가갔더니 학습지 풀이는 안중에도 없고 서랍 속의 고장난 물건들에 흠뻑 빠져 있다. 갖다 버려도 늘 책상 안은 고장난 물건들과 잡동사니로 가득 차 있다. 딱지, 종이비행기, 고장난 시계, 나무젓가락으로 만든 총, 지우개 똥을 모아 만든 재활용 지우개……. 완전 고물상이 따로 없다. 정작 필요한 연필은 죄다 부러져 있고 쓸 만한 학용품은 눈을 씻고 봐도 보이지 않는다.

이럴 때는 무작정 못하게 할 게 아니라 아이와의 대화를 통해 약속한 시간에만 가지고 놀 수 있도록 허락하는 것이 좋다. 또한 잡동사니는 모아둘 장소를 따로 마련해주는 것이 좋다. 어른에게는 하찮은 물건일망정 아이에게는 대단한 놀잇감이고 즐거움의 대상이기 때문이다. 게다가 창의력과 상상력을 키우는 최고의 도구이기도 하다.

고장난 시계라도 하루에 두 번은 맞는다는 아이의 발상이 창의적이지 않은가? 머릿속 사고는 부모의 신뢰가 밑받침된 허용적인 분위기가 조성될 때 가장 활발하게 이루어진다.

동심의 세계, 마음껏 허용하라

"이거 진짜 네가 그린 거야?"

"어, 화성탐험 미로야."

"진짜 잘 그렸다. 어떻게 이 복잡한 걸 그렸니?"

"그냥 그리면 돼."

"완전 컴퓨터가 따로 없네. 그럼 어디가 출발지야?"

"여기 지구에서 우주열차를 타고 출발하면 돼. 그리고 꼭 우주정거장을 밟고 가야 한다는 규칙이 있어."

"안 밟고 그냥 가면?"

"죽는 거지. 우주정거장에서 연료를 공급받아야 하거든."

"우와 재밌겠다. 나 한번 해볼래!"

"안 돼. 한 장밖에 없어서 길을 표시하면 못쓰게 되거든."

"그럼 우리 선생님한테 복사해 달라고 하자."

"그럴까?"

"한 장만 하지 말고 우리 반 아이들 수대로 다 복사해 달라고 하자."

"그게 좋겠다."

수백 마리의 뱀이 얽히고설킨 듯한 복잡한 미로가 하얀 종이 위를 수놓고 있다. '정말 아이가 그린 작품이 맞을까?' 하는 의심이 들 정도로 정교하다.

"이야, 대단한데!"

선생님의 한마디에 쉬는 시간에 책을 읽거나 장난을 치던 아이들까지 우르르 몰려들어 서로 해보겠다고 아우성을 친다. 선생님은 출발지점에서 망설이고 있는데 아이들은 벌써 다 풀고나서 자랑을 하느라 여념이 없다. 아이들의 두뇌회전은 가히 상상할 수 없을 만큼 빠르다.

이렇게 아이들은 어른들을 동심의 세계로 빠져들게 하는 재주가 있다. 어느새 선생님도 아이들과 똑같이 화성탐험가가 되어 상상의 나라에서 열심히 길을 찾고 있다. 이처럼 허용적인 분위기는 선생님과 아이들의 사고를 화성의 세계까지 도달하게 만들 만큼 위력적이다.

부모의 열린 사고가 먼저다

"얘야, 식당에서 그렇게 큰소리로 떠들면 안 된단다."

"아니, 우리 애가 무슨 잘못을 했다고 그래요?"

"여기는 여러 사람이 이용하는 공간이에요. 당연히 제지해야죠."

"당신이 뭔데, 우리 애 기를 꺾고 그래요?"

"그것은 기본 예의 아닌가요?"

"어머 참 별꼴이야. 당신이 우리 애 키우는 데 뭐 보태준 거 있어요?"

이런 사고를 하는 부모들 대부분은 계급시스템을 좋아하고 명령을 내리거나 받는 데 편안함을 느끼는 권위주의적인 성격을 지니고 있다. 새로운 아이디어와 해결방안에 대해 닫힌 사고를 하며, 사회적 약자에게는 인정이나 배려를 보이는 일 없이 함부로 대한다.

> "얘야, 식당에서 그렇게 큰소리로 떠들면 안 된단다."
>
> "아이쿠 죄송합니다. 우리 애가 좁은 데서 지내다가 넓은 데로 오니 그만 흥분을 했나 봐요."
>
> "아이니까 그럴 수도 있지요."
>
> "아니에요. 모를 때는 제대로 가르쳐야죠."
>
> "그러시니 제가 더 송구스럽네요."
>
> "아닙니다. 제가 교육을 잘 시키겠습니다."

반면에 남에 대한 배려가 생활화되어 있는 부모는 긍정적인 성격으로 자신의 잘못을 겸허히 받아들일 줄 아는 열린 사고를 한다. 이런 사고를 하는 사람들은 본능적으로 권위를 싫어하는 자유사상가이며, 새로운 아이디어에 관심을 가지고 새롭고 창의적인 해결방안을 모색한다.

머릿속 사고는 열어둘수록 좋은 법이다. 나는 머릿속 사고를 닫아놓고 사는 닫힌 부모인지, 머릿속 사고를 열어두고 사는 열린 부모인지를 다시 한 번 생각해보자.

창의성은 남들과 다른
생각에서 자란다

꼭 여자만 부채춤을 추라는 법이 있나요?

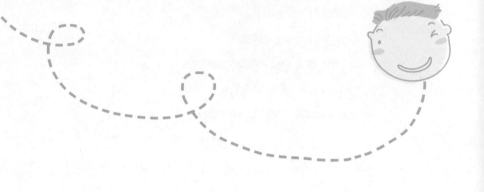

"남학생들이 부채춤을 추려 할까요?"

"왜?"

"부채춤은 보통 여자들만 추잖아요?"

"꼭 여자만 부채춤을 추라는 법은 없잖아?"

"예전부터 그래왔잖아요."

"무슨 소리야? 부채의 원조는 남자야. 영주 선비춤 몰라?"

"그래도 남학생들이 걱정인데요?"

아주 오래전의 일이지만 지방에서 근무할 때 교원예능경진대회에 선비춤으로 출전하여 입상한 적이 있다. 무용을 정식으로 배운 적은 없지만 몸을 움직이는 활동을 좋아했던 나는 무용학원까지 등록했다. 하지만 학원선생님은 아주 난감한 표정을 지었다. 몸매도, 기본기도 안 되어 있는 선생님이 열정만 가지고 덜컥 대회에 출전하겠다고 왔으니 말이다.

한참을 고민하던 학원선생님은 내게 선비춤을 추면 좋겠다고 권했다. 도포자락을 입고 부채만 펴면 되는 쉬운 동작인데다가 여자가 남자 복장을 하면 일단 튈 거라는 의미에서 선택한 것이었다. 그 특이함 덕분이었는지 살풀이, 장고춤, 학춤, 승무를 선택한 기라성 같은 전문가들 틈에서도 수상권 내에 들 수 있었다.

그런 색다른 경험 탓인지 나는 운동회를 할 때 곤봉체조는 남자들이 하고 부채춤은 여자들이 한다는 이분법을 깨고 여자에게는 곤봉체조를, 남자에게는 부채춤을 가르친 적이 있다.

부채춤을 춘다고 하면 먼저 거부감을 일으킬 남학생들을 위해 선비춤에 대한 유래를 설명했고, 대박을 친 영화 '전우치'에 등장하는 화담의 도술부채까지 들먹였다.

남학생들의 얼굴에는 화색이 돌았고 재미있게 부채춤 연습을 했다. 손아귀의 힘이 세서인지 여자아이들보다 훨씬 더 부채를 잘 다루었다. 하지만 춤을 다 배웠을 때 아이들이 선비 옷을 입고 부채춤을 추고 싶다고 말해서 깜짝 놀랐다. 선비 춤이 아이들의 뇌리에 그렇게 깊이 각인되었을 줄이야!

남학생과 여학생은 노는 모습부터 다르다

"선생님, 쟤네들 너무 유치해요. 애기들이 타는 보트 가지고 왔잖아요."

"임마, 네 손에 든 물총은 더 유치하거든."

"와아~"

더 유치하다는 말에 자극받은 남학생들이 내지르는 함성이다.

"그럼, 튜브는요?

"그건 더 어릴 때부터 타는 거니까 더더 유치하지."

"와아~"

'더더'라는 말이 붙으니 남학생들은 더더더 유치한 것을 찾기 위해 혈안이 된다.

"그럼, 비치볼은요?"

"그건 갓난애도 만지고 놀 수 있는 거니까 더더더 유치하지."

"와아~"

"자, 그럼 오늘은 애기 때로 돌아가 최대한 유치하게 노는 거다."

"네!"

남학생들은 백이면 백 '누가 더 유치한가? 누가 힘이 더 센가?'와 같은 문제로 끝없이 질문을 해대는데, 결국에는 개중에서 제일 유치하고, 가장 힘

센 놈이 가려져야 소란이 가라앉는다. 어디에서고 수직 서열을 정하지 못해 안달인 것이다. 남학생들이 사뭇 진지해지거나 전의를 불태우는 분위기가 연출된다면 바로 그 유치한 줄서기 싸움이 시작되었다고 보면 십중팔구일 것이다.

언젠가 통일안보 답사를 갔던 날 밤에 남학생들이 방에 빙 둘러앉아서 진지하게 회의를 하고 있길래 무얼 하나 지켜봤더니 방장과 부방장을 정하는 것이었다. 하룻밤 묵을 방의 방장을 뽑는 일에 그렇게 진지할 수가 없었고, 결국 방장에 뽑히지 않은 아이는 부방장이 두 명 있어도 되지 않겠느냐며 열을 올렸다.

반면에 여학생들은 자신이 더 돋보이는 것에 안달한다. 체육시간에 수영장에 갈 일이 있었는데, 여학생들은 유치한 물놀이 기구 따위는 한 명도 가지고 오지 않았다. 그럼에도 가방의 부피는 컸다. 몸매를 가리기 위한 커다란 수건과 예쁜 수영복, 멋진 물안경 등을 빠짐없이 구비해왔기 때문이다. 어떻게 하면 남들에게 예뻐 보일 것인가 하는 것들이 주관심사인 탓이다. 그래서 남녀 학생에게 똑같은 시간을 주었는데도 집합장소에 나오는 시간은 여학생들이 한참 뒤였다.

"이 수영복 어떠니?"
"어머, 그거 참 예쁘다. 어디서 샀니?"
"얘, 나는 괜찮니?"

여학생들은 자신의 수영복에 대해 물어보고 답하고 수다를 떠느라 집합시간은 안중에도 없다. 여학생들은 이렇게 대화를 통해 서로의 친화적 관계를 확인한다. 누가 누구를 좋아한다는 얘기부터, 누군가와 절친이라는 것을 과시하기 위해 친구 간에 비밀 얘기를 나누는 것을 좋아한다. 남학생들이 수직 서열에 연연하는 것과 달리 여학생들은 친화관계를 유지할 수 있는 수평 서열상에 있기를 원한다. 그래서 권위를 휘두르려는 아이가 나오면 바로 잘난 척한다며 징계의 대상으로 몰아세우고, 그 꼴을 못 봐줘서 서로 티격태격하는 모습을 자주 볼 수 있다.

한마디로 여학생은 인간관계를 중시하고, 남학생은 서열을 중시한다는 얘기다. 여학생과 남학생은 이렇게 기본 구조부터가 다르다. 그렇게 하라고 가르쳐주지 않아도 남학생들은 무리를 만들어 그 안에서 대장노릇을 하고 싶어하고, 여학생들은 끼리끼리 어울려 논다. 물속에서고 물 밖에서고 떼를 지어 다니는 것은 남학생이고, 두서너 명이 짝지어 다니는 것은 여학생들이다. 이것은 모두 남녀 간의 두뇌구조가 달라서 생기는 자연스러운 현상들이다.

남들과 다른 생각이 바로 재능이다

"아니, 루치아노! 그 요란스런 넥타이는 뭐야?"

"아, 이거요. 제가 직접 만든 나비넥타이예요."

"무엇으로 만든 건데 그렇게 요란스러워?"

"부엌에 있는 자투리 천으로 만들었어요."

"아니 그럼 행주로 넥타이를 만들었다는 거야?"

"네."

"그래, 뭐 나쁘지는 않군. 그래도 우리 가게에서는 매지 말게."

"왜요?"

"우리가 무슨 서커스단인 줄 아나? 자넨 판매원이라고 판매원!"

어느 날 루치아노 베네통은 하얀 바탕에 노랑과 파랑 줄무늬가 그려진 요란한 나비넥타이를 하고 일하고 있는 가게에 출근했다. 그 시대만 하더라도 넥타이는 점잖아야 된다고 생각하던 시절이었기에 양복점 주인이 펄펄 뛰는 것도 무리가 아니었다. 하지만 베네통은 양복점 주인의 야단에도 굴하지 않고 친구들에게 자신이 만든 나비넥타이를 자랑하고 다녔다. 그 후 베네통은 창의적인 디자인의 옷을 만들어 세계적인 의류업체를 만들었다.

"남들보다 뛰어난 재능은 없습니다. 다만 남들과 다르게 생각하려고 노력할 뿐이죠."

루치아노 베네통의 성공비결은 자유로운 발상이었다. 내 아이를 제2의 루치아노 베네통으로 키우고 싶다면 양복점 주인처럼 새로운 발상에 대해 호통을 칠 게 아니라 되레 그 생각을 독려하면서 창의력을 키워주어야 한다.

남들과 다르다고 해서 틀린 것은 아니다

"난 다르게 생각해. 곤충의 한살이는 〈성충 → 알 → 애벌레 → 번데기〉야."

"바보같이 넌 그것도 모르냐? 알이 먼저지, 어떻게 성충이 먼저냐?"

"어른벌레가 짝짓기를 해야 알이 나오는 거잖아. 그러니까 성충이 먼저지."

"한살이는 원래 알부터 시작하는 거야."

"누가 그래? 그런 법칙이라도 있냐?"

"교과서에 그렇게 나오거든."

"교과서가 다 맞다는 법 있어? 닭이 먼저냐 달걀이 먼저냐는 아직도 답이 안 풀렸거든. 그러니까 이것도 성충이 먼저인지 알이 먼저인지 모르는 거야."

"다른 사람은 다 알이 먼저라고 하는데 넌 왜 혼자 우기냐?"

교과서에서 제시하는 곤충의 한살이 순서는 분명 〈알 → 애벌레 → 번데기 → 성충〉이다. 하지만 이 아이가 개진한 논리도 나름대로 일리가 있음을 얘기해줘야 한다. 답이 틀렸다고 면박을 주게 되면 아이는 자기주장을 해야 될 때에 입을 닫아버릴지도 모른다.

모두가 '예스'라고 할 때 혼자서 '노'라고 말하는 아이에게 콕 집어서 "넌 틀렸어"라고 면박을 주면, 무의식중에 아이들은 '다른 것=틀린 것'이라는 흑백논리에 빠지게 된다.

부모들은 자기 아이를 다른 아이들과 비교함으로써 남들과 똑같이 행동해야 한다고 가르친다. 학교에서는 남다르게 행동하는 아이를 조직의 문제

128

아로 취급함으로써 '다르다=틀리다'라는 공식을 더욱 강화시킨다. 때문에 아이들의 교육을 책임지고 있는 어른들부터 고전적인 흑백논리 공식에서 벗어나야 하는 것이다.

특이하게 생각하는 아이가
특별한 아이로 자란다

난 인간으로 변신한 나무늘보예요

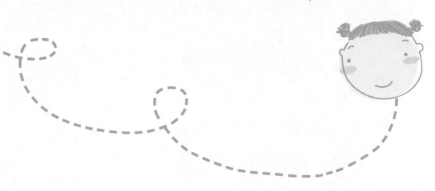

"거길 도대체 어떻게 올라간 거야?"

"어떻게 올라오긴요. 그냥 나무 타고 올라왔죠."

"얼른 내려와, 다치면 어쩌려고 그래?"

"난 인간으로 변신한 나무늘보라니까요. 나무늘보가 떨어지는 거 봤어요?"

"얘가 무슨 소리를 하는 거야? 빨리 내려와!"

"낮잠 잘 시간이란 말이에요. 한잠 자고 갈래요."

"너 자꾸 고집부리면 잡으러 올라간다."

130

"선생님은 나무늘보로 변신 못하니까 못 올라오실걸요?"

점심시간만 되면 1학년 아이 하나와 담임선생님의 실랑이가 되풀이된다. 날렵한 아이는 쉽게 나무에 오르고, 배불뚝이 선생님은 나무 아래에서 이러지도 저러지도 못하고 악만 쓰고 있다.

몸집도 작고 날래서 다람쥐처럼 빠른 아이가 왜 세상에서 가장 게으르고 느린 나무늘보 흉내를 냈는지 모를 일이다. 혹시 아이가 쫓고 쫓기는 선생님과의 추격전을 즐긴 것은 아닐까?

가르침을 주겠다는 강박관념을 버려라

"선생님, 세종대왕하고 이순신 장군하고 싸우면 누가 이기게요?"

"글쎄, 책벌레인 세종대왕은 싸움을 안 할 것 같은데?"

"만약에 싸운다면요?"

"아무래도 어려서부터 골목대장이었던 이순신 장군이 이기겠지? 아니다, 세종대왕은 지혜로웠으니까 꾀로 이기려나?"

"에이, 딱 하나만 고르세요."

"그럼, 이순신 장군!"

"땡, 틀렸어요."

"왜?"

"세종대왕은 10,000원이고 이순신 장군은 100원이니까 당연히 세종대왕이 이

기죠!"

　"뭐야?"

　이렇게 아이들은 선생님이 단박에 문제를 못 맞추면 무척 즐거워한다. 힌트라도 달라고 조르면 무척 흥미있어 하면서 오늘도 내일도 새로운 퀴즈를 알아와서 질문을 해댄다. 하지만 금방 답을 맞춰버리면 "어떻게 알았어요?"라고 되물으며 맥이 빠진다는 표정을 짓는다.

　"세종대왕과 이순신 장군이 싸우면 누가 이기게요?"

　어른의 입장에서 이런 질문은 정말이지 유치하기 짝이 없다. 하지만 아이들에게는 지금 이 시점에서 가장 중요한 질문이다. 이럴 때는 아이와 함께 그 놀이에 빠져드는 것이 좋다. 단, 놀이에 빠져들 때는 어른이기 때문에 뭔가 지식을 일깨워줘야 하고 가르쳐야 한다는 강박관념에서 벗어나기 바란다.

달걀을 품겠다는 아이, 말리지 마라

　"이 달걀을 품으면 병아리가 될까?"

　"우리가 먹는 달걀은 모두 무정란이라서 안 돼."

　"거짓말, 여기 유정란이라고 써 있잖아."

　"그래도 안 돼."

"왜?"

"병아리를 부화시키려면 어미 닭이 품는 체온과 같아야 하거든."

"내가 품어주면 되잖아?"

"사람하고는 틀리다니까. 그리고 습도도 맞아야 해."

"그건 어떻게 하면 되는데?"

"부화기를 사야 해."

"아니, 내가 직접 품을 거야."

"21일 동안 품고 있을 수 있어?"

"뭐, 21일씩이나? 그래도 해볼래!"

    에디슨이 우리나라에서 태어났다면 수많은 발명품을 만들어내고서도 까다로운 각종 규제에 시달리다가 결국 보따리장수로 전전했을 거라는 유머가 있다. 우리나라 사람들이 남들과 다른 특이한 생각을 하는 것에 대해 심한 편견을 가지고 있음을 인정하는 뼈아픈 농담이다.

    어느 날 당신의 아이가 달걀을 품어 부화시키겠다고 한다면 쓸데없는 짓이라고 무시하지 말고 아이의 호기심에 날개를 달아주도록 하자. 달걀을 그저 삶아 먹는 것, 프라이로 만들어 먹는 것이라고 생각하는 아이보다는 호기심과 탐구심을 가진 에디슨과 같은 아이가 더 낫지 않겠는가!

아이의 꿈과 상상력에
날개를 달아줘라

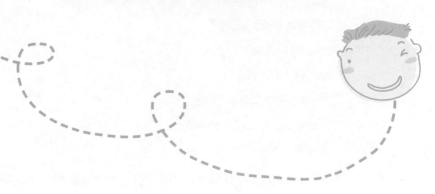

오뚝이 연필을 만들 거예요!

"선생님, 연필이 오뚝이처럼 오뚝오뚝 섰으면 좋겠어요!"

"왜 그런 생각을 했어?"

"연필을 만날 잃어버려서 선생님께 혼나잖아요."

"아, 안 혼나려고?"

"연필을 잃어버려도 어디엔가 오뚝 서 있을 거 아니에요?"

"그럼 찾기 쉽겠구나. 그거 좋은 생각인데?"

"교실 바닥이나 방바닥에 오뚝 서 있는 연필을 보면 정말 재미있을 거예요."

"그러게, 정말 멋진 발명품이 되겠네."
"아싸, 선생님이 멋지다고 칭찬했다!"

물건의 불편한 점을 생각해 좀 더 발전적인 모습으로 구상해보라는 선생님의 주문에 온갖 아이디어가 쏟아져 나온다. 필통에 연필이 한 자루도 없어서 혼이 난 아이가 제일 먼저 오뚝이 연필을 그려서 가져왔다.

"학생이 연필이 없는 것은 군인에게 총이 없는 것과 같은 이치야."

선생님의 구태의연한 잔소리에 풀이 죽어 있던 아이가 '멋진 발명품'이라는 칭찬 한마디에 금세 얼굴이 활짝 펴진다.

상상력의 대가 스필버그 감독은 부모가 만들었다

"선생님, 우리 아이가 많이 엉뚱하고 산만하지요?"
"네, 정도가 좀 심합니다."
"부탁인데요, 다른 아이에게 방해가 되지 않는다면 기를 꺾지 말아주세요."
"네, 무슨 말씀이신지요?"
"엉뚱한 질문을 할 때는 '집에 가서 어머니한테 여쭤보렴'이라고만 말해주세요."
"네?"
"그 질문을 저에게 미리 알려주시면 제가 도서관에서 자료를 찾아 답해주는 데 큰 도움이 될 것 같아요."

상상력의 대가인 스티븐 스필버그의 어린 시절 일화이다. 체격이 작고 왜소하여 친구들에게 놀림을 받곤 했던 스필버그는 수업시간에 집중을 하지 못하고 엉뚱한 질문만 하곤 했다. 결국 담임선생님은 그의 어머니에게 가정교육을 시키든지 특수학교로 보낼 것을 권했다.

하지만 스필버그의 부모 생각은 달랐다. 상상력이 뛰어난 아이들은 결과보다는 과정을 즐기기 때문에 평범한 아이들에 비해 호기심이 많고 엉뚱한 행동을 일삼는다고 생각했던 것이다.

스필버그의 부모는 아들의 호기심을 존중하고 격려해주었고 덕분에 상상력이 충만한 자신만의 세계를 만들 수 있었다. 아버지로부터 8mm 무비카메라를 받으면서 영화라는 거대한 세상을 알게 된 스필버그는 후에 세계적인 영화감독으로 명성을 떨칠 수 있었다.

스필버그 같은 상상력의 대가들은 어린 시절에 문제아였던 경우가 많다.

책상마다 컴퓨터가 놓이는 상상을 퍼스널 컴퓨터로 발전시킨 빌 게이츠가 그러하고, 걸어다니며 인터넷을 하는 상상을 현실화시킨 스티브 잡스가 그러하다.

아이가 미래에 대해 끊임없이 상상하도록 격려하고 아이의 엉뚱함에 진심 어린 박수를 보내는 일이야말로 부모들이 그토록 원하는 성공하는 아이로 키우는 지름길이다.

아이에게 성공의 열쇠를 부여하고 싶은가? 그렇다면 아이를 책상 앞에 앉히고 등수라는 획일적인 잣대로 평가하는 대신, 어떻게 하면 더 많이 상상하고 그 상상을 현실화할 수 있을까를 고민하게 해야 한다.

어린 시절 스필버그는 가족과 함께하는 식사시간에 독특한 '문장 잇기' 놀이를 했다. 한 단어의 끝 발음에 이어서 다른 단어를 얘기하는 낱말 잇기가 아니라, 완성된 하나의 문장을 얘기하면 다음 사람이 그와 연결되는 다른 문장을 만들어서 결국 하나의 스토리를 만드는 놀이이다.

[어느 한적한 마을 숲 속에 우주선이 나타난다]
→ 우주선을 타지 못하고 뒤처진 외계인이 가정집에 숨어든다.
→ 꼬마 엘리어트는 외계인에게 이티라는 이름을 지어준다.
→ 엘리어트는 엄마의 눈을 속인 채, 집 안에서 몰래 이티를 도와준다.

그래서 식사가 끝날 때쯤이 되면 영화로 만들어도 손색이 없는 멋진 이야깃거리가 만들어지곤 했다.

아이와 함께 충분한 대화를 하면서 창의력을 키울 수 있는 일석이조의 아이디어 발상법이 아닐 수 없다. 아이를 스필버그와 같은 세계적인 거장으로 키우고 싶다면 아이가 말하는 크고 작은 아이디어와 허황된 이야기들을 포용할 줄 알아야 한다. 그러다 보면 티끌이 모여 태산이 되듯이 그런 작은 아이디어와 이야기들이 누적되어 큰 재목이 될 것이다.

WHY 대화로 논리적 의사표현능력을 키워라

아이들에게는 세상의 모든 것이 호기심의 대상이다. 궁금한 게 많기 때문에 질문이 많을 수밖에 없다. 하지만 차츰차츰 자라면서 '왜'를 끊임없이 쏟아내는 아이와 입을 꾹 다물고 있는 아이로 나뉜다. '왜'라는 질문을 끊임없이 쏟아내는 아이는 부모가 항상 성의껏 대답을 해주기 때문에 습관적으로 자연스럽게 질문을 반복하는 것이고, 대화를 차단당하는 경험이 누적된 아이는 더 이상 '왜'라는 단어를 입에 올리지 않게 되는 탓이다.

논리적인 부모 밑에서
논리적인 아이가 자란다

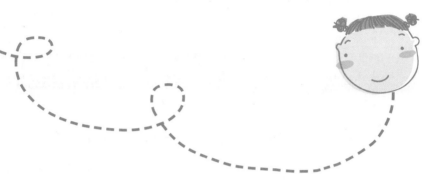

난 사람들이 쳐다보면 머릿속이 하얘져!

"선생님, 나노가 뭐예요?"

"글쎄, 잘 모르겠는데…… 누구 아는 사람?"

"내 짝이 잘 알아요. 희준이는 척척박사거든요."

"그럼 희준이가 나노에 대해서 설명해보렴!"

"어, 그게……."

"왜 그래? 네가 저번에 나한테 말한 거잖아. 빨리 말씀드려!"

"어, 그러니까……."

"아이구, 답답해. 갑자기 꿀 먹은 벙어리라도 됐냐?"

"어, 그게 그러니까……."

"넌 참 이상해. 나한테는 말을 잘하면서……."

"난 많은 사람들이 쳐다보면 갑자기 머릿속이 하얘져."

늘상 손에서 책이 떠나지 않아 별명이 책벌레이자 척척박사인 아이가 갑자기 꿀 먹은 벙어리가 됐다. 얼굴이 붉으락푸르락해져서는 금방이라도 울음을 터트릴 것만 같은 표정이다.

학교에서 아이들을 가르치다 보면 이런 부류의 아이들을 종종 만나게 된다. 개인적으로 친한 친구나 편한 어른들 앞에서는 자신의 의사를 거침없이 늘어놓지만, 대중 앞에만 서면 입이 얼어붙는 것이다.

이런 상황에 처했을 때 가장 중요한 역할을 해야 할 사람은 누구일까? 바로 선생님이다. 아직 발표할 마음의 준비가 안 된 아이에게 대뜸 말해보라고 지명할 게 아니라 먼저 "발표할 수 있겠니?"라고 의사를 물어봤어야 했다. 누구든지 갑자기 무엇을 하라고 강요받게 되면 제대로 해내기 어렵다. 자신이 아무리 잘 아는 전문분야라 해도 마찬가지다.

말끝을 흐리면 생각도 흐려진다

"오늘 시험 잘 봤니?"

142

> "어, 공부한 데서 나오긴 했는데……."
>
> "그래서 시험을 잘 봤다는 거야?"
>
> "문제를 잘 못 봐서……."
>
> "그래서 완전히 망쳤다는 거야?"
>
> "망친 건 아니구……."
>
> "아이구 답답해. 도대체 몇 점을 맞았다는 거야?"
>
> "몇 점을 맞았느냐 하면……."
>
> "아이구 속 터져. 너 똑바로 말 안 해!"

말끝을 흐리는 아이를 다그치는 엄마는 지금 폭발 직전이다. 공부한 데서 문제가 나온 건 맞는데 시험을 완전히 망쳤다는 건지, 문제를 잘 못 봐서 아쉽게 하나를 틀렸다는 건지 제대로 알 길이 없기 때문이다.

우리말은 영어와 달리 서술어가 뒤에 배치되어 있어서 말끝을 흐리고 나면 내용에 대한 상호 간의 이해가 완전히 달라질 수 있다.

> 네가 빌려준 책을 다……. (읽었어 / 읽지 못했어)

말끝을 흐리는 아이들은 주어와 목적어까지는 이야기를 잘하다가 마지막 부분 (읽었어 / 읽지 못했어)에서 얼버무리는 습성이 있다. 본인이 말한 내용을 어떻게 수습해야 할지 몰라서 그렇기도 하고, 처음에는 큰맘 먹고 발표를 시작했는데 청중의 반응이 시원찮아 보이면서 주눅이 들어 그렇기도 한다.

만약 내 아이가 말끝을 흐리거나 축약해서 대충 말하는 습관이 있다면 지금부터라도 반드시 잡아줘야 한다. 말끝을 흐리는 습관은 자신의 생각을 흐리게 만들뿐만 아니라 자신감이 없어 보여 듣는 이에게 신뢰를 주기 힘들다.

왜 말끝을 흐리면 안 되는지, 말끝을 흐리면 어떤 문제가 생기는지를 차근차근 설명함으로써 아이 스스로 자신의 생각을 명확하게 전달하는 습관을 기르게 해야 한다. 가끔씩은 아이의 말이 이해되지 않는다는 표정을 지어 보여 아이 스스로 말끝을 흐릴 때 의사소통의 불편함을 깨닫도록 하는 것도 한 방법이다.

억지 논리로 아이를 이기겠다는 생각을 버려라

"텔레비전 볼 때는 일어나서 봐야지. 눈 나빠져."
"그러는 엄마는 왜 누워서 봐?"
"너 밥할 줄 알아?"
"못해."
"원래 밥 못하는 사람은 앉아서 보는 거야."

"엄마는 왜 누워서 보느냐?"는 아이의 질문에 엄마는 엉뚱한 데로 화제를 돌려 잘못된 행동을 질책하고 있다. 아무것도 모르는 어린 아이들에게야 이런 억지 논리가 통하겠지만, 텔레비전 보는 일과 밥 먹는 일이 아무 상관없다는 것을 깨닫는 나이가 되면 엄마의 말은 권위를 잃게 된다.

이렇듯 아이에게는 밥 먹듯이 언행일치를 실천하라고 지시하면서 정작 어른들은 너무도 쉽게 규칙이나 약속을 어긴다. 엄마 게가 옆으로 걸으면서 아기 게한테 앞을 보고 똑바로 걸으라고 하는 것과 같은 이치다.

이럴 경우에는 "엄마가 많이 피곤해서 그랬어"라고 솔직하게 대답하는 것이 좋다. 그래야 아이도 엄마의 억지논리를 그대로 따라 배우는 일이 없게 된다. 아이들은 '모방의 달인'이라는 것을 잊지 말기 바란다.

감정적인 부모 밑에서 감정적인 아이가 나오고, 논리적인 부모 밑에서 논리적인 아이가 나오기 마련이다. 나이가 어리다는 핑계로 억지 논리를 펴서라도 아이를 납득시키겠다는 안일한 생각은 버리기 바란다.

지식이 많아도 의사표현능력이 없으면 꽝인 시대

최근 기업 인사담당자 397명을 대상으로 '면접시 지원자의 의사소통능력 평가'에 대한 설문조사를 실시한 결과 무려 96.2퍼센트가 의사소통능력이 평가에 영향을 미친다고 답했다. 또 이들 중 77.5퍼센트는 스펙은 부족하지만 의사소통능력이 뛰어난 지원자를 채용한 경험이 있다고 했다.

이제는 아무리 머릿속에 많은 지식이 있는 사람이라도, 제아무리 스펙이 뛰어난 사람이라도 자신의 의견을 적절히 표현하는 의사표현능력이 없으면 인재로서 인정받기 힘들다. 이런 추세는 대학 입시기준에까지 그대로 반영되어, 입학사정관 제도나 구술 및 심층면접 비율이 해가 갈수록 높아지고 있다.

"우리 아이는요, 처음에는 자신 있게 발표하다가 뒤로 갈수록 말끝을 흐려요."
"우리 아이는요, 아는 것은 많은데 도대체 입 밖으로 제대로 표현하질 못해요."
"우리 아이는요, 장황하게 말은 많은데 도대체 무엇을 말하려고 하는지 모르겠어요."
"우리 아이는요, 집에서는 말을 잘하는데 학교에선 꿀 먹은 벙어리가 돼요."

지식은 많은데 논리적인 의사표현능력이 없는 아이들의 전형적인 모습이다. 이런 성향의 아이와 대화를 나눌 때는 아무리 사소한 이야기라도 무시하거나 면박을 주지 않도록 조심해야 하고, 아이의 생각을 존중해주는 것이 중요하다. 부모의 전폭적인 지지는 아이의 자신감 있는 말하기와 상대방의 말을 끝까지 듣는 태도를 키우는 데 도움이 된다.

더불어 아이가 자신의 주장을 명확히 표현하고 그것을 뒷받침할 수 있는 근거를 제시했을 때는 반드시 요구사항을 들어줘야 한다. 그래야 논리적으로 의사를 표현했을 때 자신의 요구가 관철될 수 있음을 깨닫게 되고, 그렇게 하려고 노력하게 된다.

여기서 가장 큰 역할을 담당하는 사람은 부모이다. 아이들은 부모의 말투와 행동을 그대로 따라하는 모방심리가 강하기 때문에 집안에서의 말투와 행동에도 각별히 주의를 기울여야 한다.

아이의 토론능력은
'왜'로 키워라

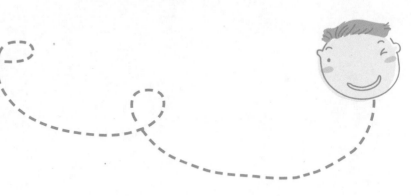

학급회의를 하자는 거야, 말자는 거야?

"학급어린이회 회장이면 다냐? 자기 마음대로 하게?"

"회의를 방해해서 뒤로 나가달라고 한 것뿐이야."

"네가 뭔데 나가라 마라야! 네가 선생님이라도 되냐?"

"네가 자꾸 남이 말하는데 끼어들고 시끄럽게 하니까 그렇지."

"네가 하도 안 시켜줘서 내 의견을 말한 거거든!"

"그래도 발언권을 얻어야지."

"난 계속 손 들고 있었거든. 왜 나만 안 시켜주는 건데?"

"너만 안 시킨 거 아니거든."

"아니긴 뭐가 아냐? 네가 좋아하는 애들만 시켰잖아. 쟤도 쟤도."

"쟤는 내가 안 좋아하거든."

"웃기시네. 얘들아, 내 말이 틀렸냐?"

"맞아, 옳소, 우우~"

"모두들 조용히 안 해. 너희들 모두 선생님한테 이른다."

예전의 학급어린이회 회장은 '리틀 선생님'이라 불릴 정도로 막강한 권력을 자랑했지만, 요즘 들어서는 좀체 카리스마 있는 회장을 찾아보기 힘들다. 그래서 급한 용무가 있어 회의 도중에 잠깐 자리를 비우기라도 하는 날엔 교실이 온통 난리통이 되어 있을 때가 많다.

회장으로 뽑힌 날만 좋았지 이런 상황에 부딪치면 회장단은 어떻게 해야 할지 몰라 맥을 놓을 때가 많다.

"야, 이놈들아. 뽑아줄 때 그렇게 밀어줬으면 회장 말을 잘 따라야 할 거 아냐?"

선생님의 말에 회장단을 해본 아이들은 고개를 끄덕이지만 나머지 아이들은 황당하다는 눈빛을 보낸다. '뽑아줬으면 자기가 알아서 잘해야지'라는 대답이 얼굴에 다 씌어 있다. 맞는 말이다. 뽑아주는 것은 아이들의 몫이지만, 학급을 이끌어나가는 것은 회장의 몫이다.

그래도 열에 한 명 정도는 중재자 없이도 회의를 잘 이끌어가는 회장이 있기는 하다. 그런 아이는 친한 친구라고 봐주고, 그렇지 않다고 배척하는 법 없이 시종일관 중립적인 입장을 견지한다. 아이들의 '왜'라는 질문에도 막힘없이 논리적으로 대응하기 때문에 불만을 제기한 아이들도 반박할 거리를 찾지 못한다.

케네디 대통령을 만든 것은 밥상머리 토론

"나는 위대한 책의 작가나 걸작을 남긴 화가보다 위대한 아들딸을 둔 위대한 어머니로 알려지고 싶다."

존 F. 케네디 대통령의 어머니 로즈 여사의 자녀교육법은 지금까지도 전 세계인들에게 귀감이 되고 있다.

식탁 토론을 위해 로즈 여사는 아이들의 눈에 띄기 쉬운 곳에 게시판을 마련해 두고 〈뉴욕타임스〉 신문에서 오린 중요한 기사를 붙여놓았다. 그래서 매일 저녁 식사시간에 그 기사 중 하나를 골라 돌아가면서 의견을 나누는 식탁 토론을 즐겼다. 케네디는 어릴 때부터 주의 깊게 생각하고, 자신의 의견을 발표하고, 다른 사람의 생각을 받아들이고 비판하는 밥상머리 토론을 통해 정치의 기초를 닦은 셈이다. 결국 케네디는 대통령 선거 직전에 열린 TV토론에서 상대 후보였던 닉슨을 압도하였고, 그때까지 열세였던 판도를 뒤집고 대통령에 당선되었다.

일주일에 한 번 가족 토론시간을 갖자

막상 토론을 하려 들면 대화의 초보자들은 할 말이 없다. 진지하게 대화를 해본 적이 없기 때문에 토론이라는 말만 들어도 불안하고 거부감이 들기도 한다.

"오늘 학교에서 무슨 일 있었어?"

"글쎄, 뭐 특별한 일은 없었던 거 같은데? 아빠는?"

"나도 뭐 별다른 일은 없었던 거 같은데? 당신은?"

"나도 뭐 평상시와 다를 게 없었어. 밥하고 빨래하고."

처음에는 가족이 한자리에 모여 대화를 갖는다는 그 자체에 만족하는 것이 좋다. 뭐든지 첫발을 디디기가 어렵지 자꾸 시도하다 보면 자연스럽게 토론의 재미에 빠져들게 된다.

가족 토론은 온 가족이 다 모이지 않더라도 일단 두 명 이상만 모이면 언제든지 한다는 룰을 정해놓아야 한다. 아이와 엄마, 아빠와 아이, 형제자매 둘 이상만 되면 무조건 토론을 하도록 말이다.

진지하게 답해야 한다는 강박관념에서 벗어나라

> "엄마, 나 칫솔 맞아?"
>
> "그럼, 칫솔이지."
>
> "칫솔은 뭐하는 거야?"
>
> "우리는 사람들의 이를 닦아준단다."
>
> "그런데 엄마는 왜 만날 운동화만 닦아?"

칫솔은 사람들의 이를 닦아준다고 가르쳐놓고 정작 엄마칫솔은 운동화만 닦고 있다. 아직 세상 경험이 부족한 아기칫솔의 눈높이로 보았을 때 이해되지 않는 게 당연하다. 때문에 아이의 입에서는 '왜?'라는 질문이 꼬리에 꼬리를 물고 나온다.

> 왜 엄마는 아빠의 러닝셔츠만 입어?
>
> 왜 아빠는 술 먹고 늦게 들어와?
>
> 왜 난 동생한테 양보만 해야 해?

아이의 눈높이로 보았을 때 어른들의 세계는 신기하고 궁금한 것 투성이다. 아직 경험해본 세계가 아니기 때문이다. 그래서 아이가 '왜'라고 물어올 때는 귀찮게 여기지 말고 아이의 수준에 맞춰서 쉽게 대답해주어야 한다.

우리 집에 왜 왔니 왜 왔니 왜 왔니?

꽃 찾으러 왔단다 왔단다 왔단다.

무슨 꽃을 찾으러 왔느냐 왔느냐?

○○ 꽃을 찾으러 왔단다 왔단다.

'우리 집에 왜 왔니?'라는 동요 가사를 보자. '왜'라는 질문에 대한 대답이 쉽고 단순하면서도 매우 리드미컬하다. 아이들은 바로 이런 대답을 원한다.

무언가를 진지하게 대답해주지 않으면 안 된다는 어른들의 강박관념이 '왜'라는 질문을 귀찮게 여기게 만드는 것이다. 교육적으로 진지하게 대답하려니 골치가 아픈 것은 당연하다.

'우리 집에 왜 왔니?'라는 노래를 바꾸어 부르면서 대화를 시도해보자.

아들 방에 왜 왔니 왜 왔니 왜 왔니?

우리 아들 뭐 하나 보러 왔단다.

일기 쓰고 있었다 있었다 있었다.

밤이 늦었으니 자야지 자야지.

요것만 쓰고 자겠다 자겠다.

좋은 꿈을 꾸거라 꾸거라 꾸거라.

이렇게 '왜'로 시작하는 질문형 대화는 아이들에게 스스로 판단할 시간을 주고 생각하는 힘을 길러준다. 꼬리에 꼬리를 잇는 말하기를 하는 동안 아이는 많은 생각을 하게 되고, 조금이나마 어른을 이해하는 입장에 서게 되는 것이다.

아이들에게는 이 세상의 모든 것이 호기심의 대상이다. 궁금한 게 많기 때문에 질문이 많을 수밖에 없다. 하지만 차츰차츰 자라면서 '왜'를 끊임없이 쏟아내는 아이와 입을 꾹 다물고 있는 아이로 나뉜다. '왜'라는 질문을 끊임없이 쏟아내는 아이는 부모가 항상 성의껏 대답을 해주기 때문에 습관적으로 자연스럽게 질문을 반복하는 것이고, 대화를 차단당하는 경험이 누적된 아이는 더 이상 '왜'라는 단어를 입에 올리지 않게 되는 탓이다.

'왜'라는 질문을 던질 때마다, 그리고 그에 대한 어른의 대답이 연결될 때마다 아이의 토론능력은 쑥쑥 커진다. 아이와 부모가 서로 질문과 답을 주고받으며 교감을 나누는 'why 대화법'의 습관화가 아이의 사고를 확장시킨다는 것을 명심하기 바란다.

논리적으로 말하는 아이가
글도 논리적으로 쓴다

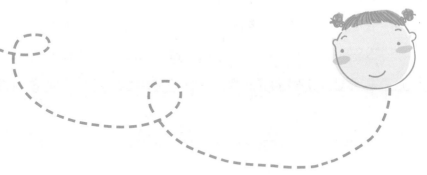

용기 있게 발표하는 모습이 참 멋있더라!

"엄마, 공개수업 하는 날 절대 오지 마."

"무슨 소리야, 너 초등학교 마지막 공개수업이잖아?"

"오지 말래두, 창피하단 말이야!"

"뭐, 엄마가 창피해?"

"그런 말이 아니고……."

"하여튼 자식 키워봐야 아무 소용없다더니……."

"엄만 또 그럴 거잖아. 누구는 잘하는데 넌 왜 그 모양이냐구."

공개수업 날이 되면 아이들은 발표를 잘하든 못하든 간에 하나같이 발표 불안증에 시달린다. 저학년에서는 너도나도 손을 들어 발표하려고 하지만, 질문이 어려워지는 고학년으로 올라갈수록 발표하는 아이들의 수는 줄어들고, 덩달아 참관하러 오는 학부모의 수도 적어진다. 바쁜 시간을 쪼개 학교에 온 보람도 없이 한 시간 내내 자녀의 뒤통수만 봐야 하기 때문이다. "저요, 저요!" 하며 시켜달라고 떼를 쓰는 저학년에 비해 고학년 교실은 책장 넘기는 소리가 들릴 만큼 엄숙하다.

부모 앞에서 잘 보이고 싶은 마음은 아이들 모두 똑같다. 그래서 공개수업 후에 "누구는 발표도 잘하던데 넌 입에 꿀이라도 발랐니?"라거나 "그것도 발표라고 했니?"라는 말로 부정적인 암시를 받게 되면, 평소에 발표를 잘해 왔던 아이도 주눅이 들어 못하게 된다.

40분의 공개수업에서 모든 학생이 발표를 한다는 것은 불가능하다. 설령 발표를 했다고 하더라도 그런 엄숙한 분위기에서 유창하게 말하기는 더욱 힘들다.

"오늘 네 발표는 못 봤지만 선생님이 평소에 네가 잘한다고 하시더라."

"용기 있게 발표하는 모습이 참 멋있더라."

공개수업을 참관한 후에는 아이의 발표태도가 성에 차지 않더라도, 설령 한 시간 내내 아이 뒤통수만 보고 왔더라도, 반드시 잘한 점을 찾아내 칭찬

156

해주기 바란다. 그래야 아이가 발표에 자신감을 붙일 수 있다.

허클베리 핀은 나쁜 아이가 아니에요!

마을의 모든 엄마들은 주정뱅이의 아들이자 소년 부랑자인 허클베리 핀이 상스럽고 나쁜 아이라며 함께 놀지 말라고 합니다. 만약 여러분에게 이런 친구가 있고, 그 애를 무척 좋아한다면 어떻게 엄마를 설득시킬까요? 논리적이고 타당한 이유를 들어 엄마를 설득하는 말을 써 보세요.

천재라고 불리는 위인들 대부분은 지나치게 자유분방해서 문제아라는 오인을 받기 쉽다. 어린 시절 바보라고 놀림 받았던 아인슈타인이나 에디슨이 오늘날 살아 돌아오더라도 문제아 중의 문제아로 여겨질 것은 자명하다. 하지만 그런 위인들을 친구로 두었던 아이들이 그들 때문에 인생이 잘못 풀렸다는 기사는 어디에서도 본 적이 없다. 《세상을 뒤흔든 31인의 바보들》이라는 책에 나오는 천재과학자 아인슈타인이나 발명왕 에디슨이 이 진리를 증명하고도 남는다.

허클베리 핀이 상스럽고 나쁜 아이라고 하는 것은 어른들의 눈높이로 보고 내린 판단일 뿐이다. 아이들의 눈높이로 보았을 때 허클베리 핀은 다소 엉뚱하지만 용기 있고 마음에 그늘이 없는 재미있고 유쾌한 아이다.

엄마의 친구인 영자 아줌마도 우리 눈으로 봤을 때는 밥값을 낼 때만 소리없이 사라지는 얌체 같은 친구처럼 보이지만, 엄마도 영자 아줌마의 좋은 점을 알기 때문에 늘 같이 다니는 것이라고 생각된다.

나의 친구 허클베리 핀은 영자 아줌마와 비슷하다. 조금은 모자라 보일지 모르이 아이는 허클베리 핀과 비슷한 처지에 있었던 성공한 위인과 엄마의 친구를 예로 들면서 논리정연하게 글을 풀어나갔다. 만약 당신이 엄마라면 이 글을 보고 어떤 결정을 내릴 것인가? "건방지게 영자 아줌마가 뭐 어쩌고 저째!"라며 면박을 줄 것인가? "그래 다시 생각해보자꾸나"라며 아이의 의견을 받아들일 것인가?

앞으로 초등학교 시험은 앞서의 사례와 같이 '설득하시오'라거나 '자신의 생각을 써보시오'와 같은 논술형 문제가 많이 출제될 것이다.

이런 시험에서 높은 점수를 받기 위해서는 평소에 교과목을 달달 외우는 것보다 독서와 현장체험 등을 통해 해박한 지식을 갖추어야 한다. 더불어 그런 지식을 활용할 수 있도록 대화의 장을 충분히 마련해 주는 것이 좋다. 일상 속의 대화가 논술형 문제와 다름없기 때문에 이런 문제 유형에 쉽게 적응하는 까닭이다.

부모의 경청자세가 모든 것을 좌우한다

추운 겨울 길거리에 엎드려 구걸하는 장님 거지가 있었다. 하지만 누구 하나 거들떠보지 않았다. 그의 깡통은 늘 비어 있었다. 그 모습을 안타깝게 지켜보던 시인이 이런 팻말을 써주었다.

"저는 앞을 보지 못합니다.

곧 봄이 찾아옵니다.

하지만 저는 그것을 볼 수 없습니다."

그날부터 늘 비어 있던 거지의 깡통은 돈으로 가득 차게 되었다. 이것이 바로 글의 힘이고 표현의 힘이다. 평소에 논리적이고 체계적으로 생각하는 것이 습관이 된 아이는 논술 실력도 뛰어나다.

이러한 생각하기 습관은 어릴 때부터 경험해왔던 부모와의 대화로부터 싹튼다. 아이가 "엄마, 난 나중에 커서 떡볶이 아줌마가 되고 싶어요"라고 얘기했다면 당신은 뭐라고 대답할 것인가?

> 철수 엄마 : 뭐, 떡볶이? 그 많고 많은 직업 중에 하필 떡볶이 아줌마가 뭐니?
>
> 영희 엄마 : 그래? 엄마도 어릴 땐 떡볶이 파는 사람이 부러웠단다. 그런데 왜 그런 생각을 하게 되었지?

부모의 경청자세가 되어 있는 영희 엄마의 경우에는 아이가 다시 보충설명을 할 것이고, 그러면 대화는 꼬리에 꼬리를 물고 이어질 것이다. 이렇듯 대화는 일단 상대방의 말을 잘 듣고 인정하는 데서 출발한다.

경청자세가 되어 있지 않은 철수 엄마의 경우에는 평소 논리적인 대화가 이루어지지 않을 것이다.

논리적인 생각의 가장 큰 훼방꾼은 나만의 고집이다. 자기만 옳다는 생각에 갇혀버리면 다른 사람의 생각을 받아들일 수 없고, 설득력 있는 주장을 펼칠 수도 없다.

학교현장에 있다 보면 경청자세가 나쁜 아이들을 종종 만나곤 한다. 다른 친구의 의견은 아랑곳하지 않고 자기주장만 장황히 늘어놓는 아이, 친구들과 토론할 때 공격적이고 일방적인 태도로 화를 내거나 싸움으로 끝내는 아이, 자기와 반대되는 생각을 가진 아이를 적으로 몰고 가는 아이가 그런 경우이다.

보통 '사회성이 떨어진다', '공격적이다'라는 말을 듣는 아이는 부모의 그런 대화습관을 보고 자랐을 확률이 크다. 부모가 아이의 말을 경청하지 않는 모습을 지속적으로 보여줬기에 아이 또한 다른 사람의 말을 귀 기울여 듣지 않는 것이다.

논리적으로 말하고 논리적으로 글을 쓰는 아이로 키우고 싶은가? 그렇다면 아이의 말을 끝까지 경청해주기 바란다. 부모의 경청자세는 아이의 입을 떼게 하고, 논리적으로 생각해서 말하게 하고, 그 생각을 논리적인 글로 풀어내게 하는 원동력이기 때문이다.

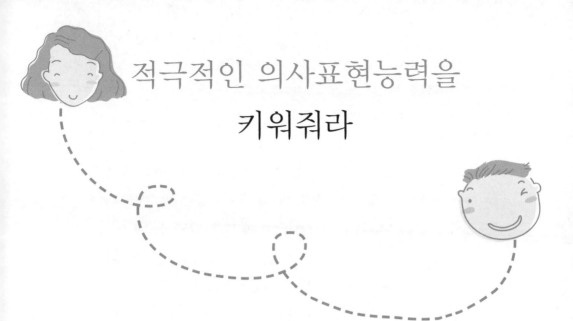

적극적인 의사표현능력을 키워줘라

아이의 말대꾸에 맞장구를 쳐줘라

"엄마, 제 말은 그런 뜻이 아니잖아요."

"뭐가 그게 아냐?"

"이건 이래서 이렇게 된 거구요, 저건 저래서 저렇게 된 거라니까요."

"아유, 어떻게 된 놈이 한 번을 안 져요."

"이기려는 게 아니라 제 의견을 말씀드리는 것뿐이에요."

"너, 그 입 좀 못 다물래?"

"엄마가 접시를 던져도 저는 할 말은 할 거예요."

빌 게이츠의 심한 말대꾸에 참다못한 아버지는 급기야 물세례를 퍼부었고, 결국 아동상담소에 데리고 갔다. 빌 게이츠는 상담원에게 '부모와 전쟁 중'이라 말했고, 상담원은 부모에게 아들에 대한 감독을 느슨하게 할 것을 조언했다. 결국 부모는 빌을 자유로운 분위기의 사립학교로 보냈다. 이후 그는 컴퓨터 사용을 즐기며 독립적이고 자유로운 시간을 보내게 됐고, 그것이 훗날 세계 최대의 소프트웨어 회사를 일구어 낸 결정적인 계기가 되었다.

만약 빌 게이츠의 적극적인 의사표현이 없었다면 어떻게 됐을까? 변호사였던 아버지, 금융기업과 비영리단체의 이사였던 어머니를 둔 유복한 가정 환경에 길들어져 부모의 바람대로 변호사가 되지 않았을까? 스무 살 마이크로소프트 사 사장, 서른 살 백만장자, 서른일곱 살의 미국에서 가장 큰 부자, 세계 최고의 거부이자 성공신화의 주인공이 되지는 못했을 것이다.

꼬박꼬박 말대꾸를 하는 아이를 보고 부모들은 흔히 쓸데없는 말을 많이 한다고 여긴다. 그런데 세상에 쓸데없는 말이란 없다. 어른은 이미 정답을 알고 있기 때문에 쓸데없는 말이라 여기지만, 무한한 호기심 덩어리인 아이들은 말할 거리가 천지일 뿐이다.

아이의 의견 개진이 말대꾸처럼 느껴지는 부모라면 아이의 말을 들어줄 마음의 여유가 없는 것은 아닌지를 뒤돌아보자. 그렇다고 아이의 요구를 무조건 수용하라는 말은 아니다. 아이 입장이 되어 맞장구를 쳐주고 이야기를 들어주라는 얘기다. 그러면 아이는 자신이 하고 싶은 말을 마음껏 이야기하게 되고, 부모와 대화하는 과정에서 할 말과 하지 말아야 할 말을 분별하는 능력이 생길 것이다. 그러한 능력은 아이가 말 잘하는 아이로 크는 원동력이 될 것이다.

빌 게이츠로 자라날 내 아이의 싹을 말대꾸만 하는 문제아로 격하시켜 다그치고 있는 것은 아닌지 다시 한번 점검해보기 바란다.

의사표현능력이 없는 아이는 제대로 평가받지 못한다

"선생님, 섭섭해요."

"무슨 말씀이세요?"

"연극 배역에서 우리 애를 빼셨잖아요."

"아, 그거요. 현지가 싫다고 한 거예요."

"싫다고 하다니요?"

"자기는 죽어도 안 하겠다고 하더라고요."

"억지로라도 시켰으면 좋았을 텐데……."

"배역을 주니 울고불고 난리도 아니었어요."

"정말요? 유치원 때는 주인공을 맡을 정도로 잘했는데 왜 그랬을까요?"

유치원 시절에는 주인공도 했던 아이가 왜 그랬을까?

그것은 초등학교에 들어와서 보니 자기와 비슷한 역량을 가진 아이들이 많다는 것을 깨닫고 자신감이 급격하게 줄어든 탓이다. 게다가 예전 같으면 "현지가 제일 잘해요!"라면서 추천하던 아이들이 되레 자기가 하겠다고 적극적으로 나선 까닭이다.

그나마 현지의 재능을 알아본 선생님이 권했을 때 해보겠다고 의사를 밝혔으면 좋았을 텐데, 자존심을 세우며 계속 뻗대다가 기회를 떠나보내는 우를 범한 것이다.

이렇게 현지의 경우처럼 하고 싶은 마음은 굴뚝같지만 적극적으로 의사표현을 하지 못하는 부류의 아이는 좋은 기회를 놓치는 경우가 많다. 커갈수록 부모의 의견보다 자신의 의지가 더 중요해지는 법이다.

선생님이나 부모가 억지로 시키는 데는 한계가 있다. 그 무엇보다 중요한 것은 아이의 하고자 하는 의지와 적극적인 의사표현이다. 유치원생에서 초등학생으로, 초등학생에서 중고등학생으로, 중고등학생에서 대학생으로, 대학생에서 직장인으로, 사회의 규모가 커질수록 아이의 적극적인 의사표현이 없으면 아무도 그 아이의 재능을 알아보지 못한다는 것을 명심하기 바란다.

WHY 대화로 아이의 창의성 주머니를 키워라

6장

WHY 대화하는 아이

설거지를 미루는 엄마와 숙제를 미루는 아이가 뭐가 다른가? 욱하면 소리부터 내지르는 아빠와 기분이 나쁠 땐 주먹부터 휘두르는 아이가 뭐가 다른가?

당신이 아이를 향해 손가락질하게 되면 손가락 하나는 아이를 향해 뻗어 있지만 나머지 세 개는 당신을 향해 굽어 있다는 것을 유념하자. 4분의 1이 아이 자신의 문제라면 4분의 3은 부모의 문제라는 말이다.

창의적인 아이,
부모의 태도에 달렸다

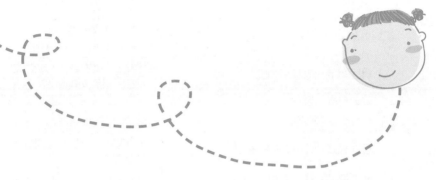

아이의 창의성을 꺾는 말 & 창의성을 키우는 말

창의성을 꺾는 말			창의성을 키우는 말
말도 안 되는 소리 하지 마.	☐	☐	와, 대단한 창의력이로구나.
얼씨구, 잘하는 짓이다!	☐	☐	이야, 혼자서도 잘하네.
네가 그걸 어떻게 해?	☐	☐	너는 혼자서도 얼마든지 잘할 거라고 믿는단다.
쓸데없는 짓 좀 그만해라!	☐	☐	그래, 네가 원하는 대로 해보렴.

어린애는 그런 거 몰라도 돼.	☐	☐	얘야, 네가 어른이 되면 알게 된단다.
제발 좀 치워라.	☐	☐	그것으로 무엇을 하려는 건지 말해줄 수 있겠니?
왜 너는 바보 같은 것만 물어 보니?	☐	☐	와, 대단한데? 그런 것까지 생각해내다니?
이건 규칙이니까 따라야 해.	☐	☐	우린 이미 약속했잖니? 약속한 것은 지켜야겠지?
너는 너무 어려서 안 돼.	☐	☐	네가 더 크면 할 수 있겠지만, 지금은 너무 어리잖니?
무슨 말이 그렇게 많니? 하라면 할 것이지.	☐	☐	얘야, 알아들을 수 있게 한 번 더 천천히 말해줄래?
참견 말고 네 할 일이나 해!	☐	☐	미안하다. 미처 네 생각을 하지 못했구나.
넌 아무래도 좀 지능이 모자란 가 보다.	☐	☐	때로는 잘못 생각할 수도 있단다.
도대체 너는 커서 뭐가 되려고 그러니?	☐	☐	넌 커서 뭐가 돼도 되겠다.
네가 하는 일이 다 그렇지 뭐.	☐	☐	누구나 실수는 하는 법이란다.
하늘은 하늘색으로 칠해야지. 그런 하늘이 어딨니?	☐	☐	와, 하늘 색깔이 참 멋지구나!
넌 도대체 누굴 닮아 그렇게 엉뚱하니?	☐	☐	와, 너는 창의력이 대단하구나!
뭐 그런 당연한 걸 가지고 떠들고 그러니?	☐	☐	와, 신기하구나. 네가 엄마보다 낫다.
그건 해보나 마나 안 돼.	☐	☐	조금 어려운 일이긴 하지만, 너라면 잘할 수 있을 거야.

성인 남자가 하루에 하는 말은 평균 2만 5천 마디이고, 성인 여자는 그보다 많은 3만 마디라고 한다. 이는 책 50장 정도의 양으로, 우리가 하루에 얼

마나 많은 말을 하는지를 알 수 있다.

이렇게 많은 말 중에 우리 어른들은 아이의 창의성을 키우는 말을 얼마쯤이나 하고 살까? 우리는 마음의 여유가 있을 때는 창의성을 키우는 긍정적인 말을 많이 하고, 마음의 여유가 없을 때는 창의성을 꺾는 부정적인 말을 많이 한다.

선생님의 경우, 업무에 치여 바쁠 때는 "이건 규칙이니까 그대로 해"라며 일방적인 지시를 내리고, 그렇지 않을 때는 "우리의 약속이잖아. 약속한 것은 지켜야겠지?"라는 부드러운 말로 권유한다.

부모의 경우, 회사 일과 집안일로 정신없이 바쁠 때는 "참견 말고 네 일이나 해!"라고 다그치고, 그렇지 않을 때는 "미안해, 미처 네 생각을 못했어"라고 부드러운 말로 다독인다.

하지만 바쁘고 한가하고에 상관없이 매일매일 아이에게 습관적으로 창의성을 꺾는 말을 내뱉는다면, 부모 자신에게 문제가 있는 것은 아닌지 뒤돌아봐야 한다. 그것은 독소 어린 말을 내뱉는 어른이나, 그런 말을 듣고 자라는 아이 모두에게 불행한 일이기 때문이다.

아이의 창의성을 저해하는 여섯 가지 부모 유형

앞으로 펼쳐질 미래는 창의성의 시대라고들 말한다. 이런 시대의 흐름에

발맞추지 못하고 되레 아이의 창의성을 저해하는 부모들이 있다. 혹시 당신이 그런 부모는 아닌지 뒤돌아보자.

> "엄마, 우리 가족도 토론하면 안 될까요?"
> "안 돼."

유아독존형 부모는 오로지 자신만이 최고라고 생각한다. 독선적이어서 아이들의 말을 들어주는 인내심도 없다. 때문에 아이들은 부모의 눈치만 보고 아이디어가 있어도 말하지 않는다. 이렇게 침묵하는 가정에서는 독창적인 아이디어가 나오기 어렵다.

> "이건 내가 만든 로봇이야. 잘 만들었지!?"
> "그런 쓸데없는 거 만들 시간 있으면 공부나 해."

눈뜬장님형 부모는 아이가 아무리 창의적인 아이디어를 내놓아도 잠재가치를 제대로 활용하지 못해 무용지물로 만든다. 미래를 보는 안목이 없기 때문에 쓸데없는 데 시간 낭비하지 말라는 식으로 반응하면서 아이디어의 싹을 자르고 만다.

> "엄마, 사자와 호랑이랑 싸우면 누가 이길 거 같아?"
> "피곤해. 저리 가."

일중독형 부모는 지나치게 일만 생각하고 아이의 개인적인 고민이나 정서적 측면에 무감각하다. 부모가 먼저 쉽게 지치고 피로가 가중되다 보니 아이의 창의성에는 관심이 없는 편이다.

> "엄마, 나 모형항공기 잘 만들었지?"
> "여기 살짝 삐뚤어졌네. 이래서 무슨 대회를 나간다고 그러니?"

완벽주의형 부모는 작은 실수나 실패를 용인하지 않는다. 이런 부모 밑에서는 아이의 생각과 행동이 실패 위험이 적은 방향으로 흐르게 된다. 정당한 실패와 건강한 실패가 허용되지 않는 분위기에서는 창의적인 아이디어가 나오기 힘들다.

> "엄마, 나 피겨 스케이트 배울래."
> "남자가 무슨 피겨야? 아, 혹시 정민이도 배우니? 그럼, 너도 해야지."

복사기형 부모는 남들이 하지 않는 새로운 것을 개척해 나가는 실험정신이 부족하며, 맹목적이다 싶을 정도로 남을 따라하려는 경향이 있다. 부모에게 불확실성을 감수할 수 있는 용기가 없으므로 아이디어가 창의성으로 연결되기 어렵다.

> "엄마, 난 커서 만화가가 될 거야. 내가 그린 이 그림 어때?"

하루살이형 부모는 큰 그림을 그리지 못하고 기존의 편협한 틀 속에서 작은 성과에만 연연하기 때문에 아이의 창의성이 극대화되기 어렵다. 이들은 미래 가치가 있더라도 당장 이익이 안 되는 아이디어는 사장시키고, 아이가 싫어하는 일에만 매달리게 한다.

성적과 창의성은 별개다

"엄마, 난 왜 창의성이 없을까?"

"그게 무슨 소리야?"

"오늘 과학시간에 발명품 만들기를 했거든."

"근데?"

"공부 못하는 친구들도 기발한 것을 만들어 칭찬을 받았는데, 나는 설계도도 그리지 못했어."

"그딴 거 좀 못하면 어때?"

"그래도 기분이 우울해."

"걱정 마. 공부만 잘하면 창의성은 저절로 키워지거든. 얼른 가서 공부나 해."

이 아이의 엄마가 하는 말처럼 공부를 잘한다고 해서 창의성이 키워지는 것은 아니다. 기본 지식이 갖추어져 있을 때 창의성이 더 많이 발달하는 것은 맞지만, 획일적인 정답 맞히기 식의 공부습관에 길들여진 아이는 창의성이 발달하기 어렵다.

우리나라 사람들은 선천적으로 우뇌형이 많다고 한다. 좌뇌형은 논리적이고 집중력이 뛰어나지만 고지식해서 상상력이 많이 부족하고, 우뇌형은 감수성이 풍부하고 상상력은 뛰어나지만 쉬운 문제도 단순실수로 잘 틀리고 복잡한 것을 싫어한다. 그런데 우리나라의 입시체계는 논리적이고 정답을 맞혀야 하는 좌뇌형에 유리한 방식이기 때문에 학생들 대부분이 공부하기를 싫어한다.

공부를 잘하면서 창의성도 높이는 가장 좋은 방법은 다양한 분야의 책을 읽는 습관을 들이는 것이다. 특히 자기 수준보다 조금 어려운 책을 읽으면 두뇌에 자극이 된다. 쉬운 책을 읽으면 내용을 대충 훑어보고 말기 때문에 오히려 역효과만 부른다. 어려운 책을 읽으면서 뇌를 자극시키면, 뇌신경 전달물질 가운데 하나인 도파민이 분비된다. 이런 경험이 하나씩 쌓이면 자연스럽게 공부가 좋아지게 되고 창의성까지 덤으로 키울 수 있다.

아이의 실수를 허용하라

"도대체 네가 정신이 있는 애야, 없는 애야? 이렇게 쉬운 걸 틀려서 전교

1등을 놓친다는 게 말이 돼! 이게 실수할 문제야? 얼른 방에 가서 틀린 거 열 번 풀어!"

창의성을 길러주기 위해서는 부모가 자녀의 실수를 용납하는 태도를 가져야 한다. "왜 실수했느냐"며 다그친다든지, "틀린 거 열 번 풀어"라며 반복교육을 시킨다든지, 정답을 맞히는 데만 신경 쓰는 것은 창의성을 죽이는 지름길이다. 자녀가 실수를 했다면 결과로 평가하지 말고, 앞으로 그런 실수를 어떻게 바로잡을지를 고민하는 출발점으로 삼아야 한다.

또한 아이가 좋아하는 것만 시키거나, 경시대회에 대비한다며 한 과목에만 치중해서 공부를 시키는 것은 금물이다. 한 과목만 편식적으로 공부하게 되면 뇌가 한쪽 방면으로만 발달하고, 다른 부분들은 쉽게 퇴행하기 때문이다.

성적조급증에 걸리지 않고, 내 아이를 창의적인 인재로 키우기 위해서는 부모의 적극적인 지지가 필요하다. 예로부터 성공한 위인들의 뒤에는 아이의 창의성을 알아챈 지혜로운 부모가 있었다. 그 부모들은 아이가 엉뚱한 발상으로 다른 사람들로부터 조소를 당하거나 수많은 실패를 거듭해도, 좌절하지 않고 용기와 자신감을 가지고 끝까지 그 일에 매달릴 수 있도록 버팀목이 되어주었다.

쉬운 문제를 틀려서 100점을 놓쳤다고 아이를 몰아붙일 게 아니라 아이 스스로 왜 그런 결과가 나왔는지를 깨달을 수 있도록 혼자 생각할 수 있는 시간을 마련해주는 것이 좋다.

176

엉뚱한 발상은
창의력의 씨앗이다

거짓말하는 아이가 창의성이 높다

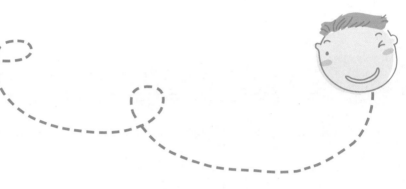

"오늘 시험 결과 나왔지?"

"아니."

"이상하다. 옆 반은 다 나왔다고 하던데."

"우리 선생님은 바쁘다고 안 가르쳐주셨어."

"그럼 친구 엄마한테 전화해본다?"

"아, 이제야 생각났다. 선생님이 가르쳐주셨어."

"그래? 모두 몇 개나 틀렸니?"

일반적으로 아이들은 세 살 무렵부터 거짓말을 하기 시작해 초등학교 2~3학년 즈음에 가장 심해지고 개인 성향에 따라 거짓말을 많이 하거나 적게 하는 정도의 개인차가 있다고 한다. 아이들은 보통 꾸중을 피하고 싶거나 부모님을 실망시키고 싶지 않을 때 거짓말을 한다.

관심을 받기 위해 거짓말을 하는 경우라면 물론 관심을 줘서 치유해야 할 것이고, 자기방어를 위해 거짓말을 하는 경우라면 그 원인이 무엇인지를 살펴줘야 한다. 아울러 공부에 대한 스트레스 때문인지, 부모의 기대가 너무 과했던 것은 아닌지를 점검해볼 필요가 있다.

한편, 아이의 지적능력 측면에서 본다면, 거짓말을 무조건 나쁘게만 받아들이고 걱정할 일은 아니다. 오히려 거짓말을 하는 아이일수록 거짓말을 안 하는 아이보다 창의성이 높다는 사실이 심리학적으로 증명되고 있기 때문이다.

"어떻게 세 군데를 다 가냐?"

"왜 못 가냐? 가면 가는 거지."

"뻥 치시네."

"아냐, 정말이라니깨!"

"그럼 증거를 대봐."

"캐나다 휘슬러 스키장에 가서 신나게 스키도 탔고, 미국 디즈니랜드에 가서 미키마우스도 봤고, 필리핀 팍상한 계곡에 가서는 급류도 탔어. 됐지?"

어른이라면 아이의 말이 거짓말임을 단박에 눈치챌 수 있을 것이다. 아이는 어학연수 다녀왔다고 자랑하는 친구에게 지고 싶지 않아서 자신이 알고 있는 지식을 총동원해 거짓말을 하고 있다.

거짓말을 하는 아이에게는 자신이 경험하지 않은 것을 마치 경험한 것처럼 이야기할 수 있는 능력, 즉 무(無)에서 유(有)를 만들어내는 능력이 있다. 다시 말하면 거짓말을 꾸며낼 수 있는 아이는 그만큼 창의적일 가능성이 크다는 얘기다.

그렇다고 거짓말을 장려하자는 말이 아니다. 거짓말을 하는 아이를 나쁜 아이라고 몰아세우면 아이가 창의적으로 사고할 기회를 잃을 수 있다는 점에 주의하자는 말이다.

흰머리 대신에 노란색 머리가 나면 얼마나 좋을까?

"신발이 자동차라면 얼마나 좋을까?"

"그럼 학교에 갈 때나 놀러갈 때 도로 위를 쌩쌩 달릴 수 있을 텐데."

"교통 체증도 안 일어나고, 주차장도 없어도 되고……."

"그것뿐이야? 환경오염도 걱정하지 않아도 되잖아?"

"그러게 말이야. 상상만으로도 신나는걸."

"앞으로 정말 그런 날이 올까?"

21세기를 상상력의 시대라고들 말한다. 흔히 창의성과 상상력을 한 쌍처럼 여기지만 사실은 조금 다르다. 상상력은 혼자서 마음속으로 그린 마음의 그림으로, 창의성의 기본 밑거름이 된다. 그리고 창의성은 상상의 과정을 통해 그린 그림을 행동으로 옮기거나 문제해결에 적용하는 것이라고 말할 수 있다.

최근 들어 창의성이 미래교육의 핵심으로 손꼽히면서 많은 교육학자들이 창의성의 근원이 되는 상상력을 강조하고 있다. 부모들 또한 상상력의 중요성을 점차 인식하고 있다. 하지만 막상 현실은 거꾸로 가고 있는 실정이다. 주입식 교육과 경쟁체제 속에서 아이들은 창의성이라는 날개가 이미 꺾여진 것이나 다름없다.

"엄마 머리에 흰머리 대신 노란색이나 빨간색 머리가 나게 하는 방법이 없을까?"

아이가 이런 엉뚱한 발상을 내놓으면 그 상상이 미래의 자산으로 이어질 수 있도록 적극 칭찬해주자. 시험점수 때문에 아이를 학원으로만 내몰지 말자. 1등을 해야 성공할 수 있다는 고정관념에 얽매이지 말자. 아이가 상상의 나래를 맘껏 펼칠 수 있도록 시간적인 여유를 주자.

흰머리가 자꾸 생기는 엄마를 걱정하며 흰머리 대신 노란색, 빨간색 머리가 나게 하고 싶은 아이의 마음이 기특하지 않은가? 아이의 엉뚱한 발상이 미래의 자산이 될 창의력의 씨앗임을 명심하기 바란다.

내 아이의 호기심과
에디슨의 호기심은 같다

밥을 사료로 만들어줄게요!

"오늘 저녁은 뭘 해먹지? 아, 밥하기 귀찮아."

"엄마, 좋은 방법이 있어."

"무슨 방법?"

"밥을 사료처럼 만드는 거야."

"뭐, 사료? 사료는 가축이 먹는 거잖아?"

"에이, 강아지가 먹는 그런 사료 말구, 사람이 먹는 사료를 만든다구!"

"사람이 먹는 사료?"

"밥, 김치, 미역국을 사료로 만드는 거지. 하여튼 먹고 싶은 것은 종류별로 다 만드는 거야."

"아하, 그걸 사기만 하면 식사준비는 끝이란 말이지?"

"골라서 사기만 하면 되니까 오늘은 무얼 해먹을까 걱정할 필요가 없지."

"그래 그런 거 나오면 참 좋겠다."

"조금만 기다려봐. 엄마를 위해서 내가 꼭 발명하고 말 테니까."

식사시간 때마다 뭘 해먹을까 고민하는 엄마를 보며 아이가 상상해낸 결과물이다. 회사 다니랴, 집안일 하랴 늘 시간에 쫓기는 엄마를 생각하는 아이의 따뜻한 마음도 모르고 이렇게 질책했다면 어떻게 될까?

"밥을 사료로 만든다고? 우리가 개니? 하여튼 생각하는 거라곤!"

일언지하에 묵살당한 아이의 마음은 상처를 입을 것이고, 엉뚱한 발상은 더 이상 싹을 틔우지 못할 것이다.

과자로 만든 주사기가 나오면 좋겠어요!

"의사선생님, 주사 안 맞으면 안 돼요?"

"걱정 마. 간호사 누나가 아프지 않게 놔줄 거야."

"의사선생님은 거짓말쟁이야. 아픈데 꼭 안 아프대."

"침 한번 꼴깍 삼키면 안 아플 거야."

"여긴 주삿바늘 없는 주사기 없어요?"

"뭐, 주삿바늘 없는 주사기?"

"네, 로켓의 원리를 이용한 안 아픈 주사기가 나왔다던데요?"

"그건 아직 실용화가 안 됐어."

"아, 빨리 나왔으면 좋겠어요."

"나도 그렇단다. 주사 때문에 너희들이 날 싫어하니 말이야."

"의사선생님이 싫은 게 아니고요, 뾰족한 주삿바늘이 싫은 거예요. 재미있는 주사기가 나오면 아이들이 엄청 좋아할 거라구요!"

"재미있는 주사기는 어떤 주사기일까?"

"과자로 된 주사기요! 주사도 맞고 과자도 먹고 일석이조잖아요."

"그것 참 재미있겠구나. 하하하!"

과자로 만든 주사기가 나온다면 병원에 가기 싫어하는 아이가 줄어들 것이다. 주사도 안 아프고, 주사를 맞은 후에는 그 주사기를 맛있게 먹을 수 있으니까.

아픈 주사기에 대한 공포심은 이 아이에게 '과자로 만든 주사기'라는 상상력의 결과물을 만들어냈다. 아이의 상상처럼 앞으로 먹는 주사기가 나오지 말란 법은 없다.

아이가 가진 호기심의 싹을 자르지 마라

최근 과학고와 영재고 입시가 크게 바뀌고 있다. 그 가운데서도 학생의 자기주도학습 과정을 살펴보는 입학사정관 전형이 성적보다 학생의 가능성과 잠재력을 보는 선발방식으로 확대되었다. 그 내용은 학생이 수학·과학에 영재성을 지녔는지, 그 자질을 어떻게 키워왔는지를 면밀히 따져보는 선발방식이다. 수학·과학 영재는 호기심과 관찰력에서 판가름난다고 해도 과언이 아니다. 예전처럼 대외 수상실적으로 스펙 쌓기에 치중했던 시대는 지났다.

수학·과학 영재는 기계적으로 문제를 푼다고 해서 그 능력이 길러지는 게 아니다. 어려서부터 호기심과 관찰력을 꾸준히 길러온 아이가 수학·과학 영재로 자라는 것이다.

세계적인 동물학자 제인 구달은 소녀 시절, 집 근처의 숲을 뛰어다니며 직접 관찰하고 기록했던 습관이 지금의 자신을 만들었다고 말했다. 또한 국내 최초의 해양생물백과로 평가받는 《자산어보》도 남들이 만들어놓은 것을 그대로 받아들이지 않고 거꾸로 뒤집어 생각해보는 정약전의 고집스런 습관의 산물이라고 할 수 있다.

1,093개의 미국 특허를 자신의 이름으로 등록한 에디슨도 호기심이라는 자산이 없었다면 '세계적인 발명왕'이라는 타이틀을 가질 수 없었을 것이다.

내 아이가 가지고 있는 호기심과 에디슨의 호기심이 전혀 다른 차원의 것이라고 생각한다면 100퍼센트 오산이다. 호기심의 무게는 똑같다. 단지 그 위대한 호기심의 싹을 부모가 알아차리고 키워주느냐 아니냐에 차이가 있을 뿐이다.

왜 항상
나만 혼내는 거예요?

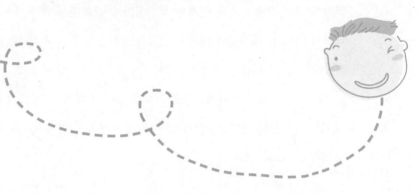

아이는 부모의 거울이다

넌 왜 그렇게 계획성이 없니?

넌 왜 그렇게 차도 안 보고 달리니?

넌 누굴 닮아서 그 모양이니?

넌 누굴 닮아서 그렇게 신경질적이니?

아이에게 질책했던 말들을 부모 자신에게 대입시켜 보자. 채널을 돌리다
가 홈쇼핑에서 충동구매를 하는 엄마의 모습과 계획성 없이 용돈을 쓰는 아

이가 뭐가 다른가? 바쁘다며 신호등을 무시하고 운전하는 아빠의 모습과 좌우를 안 살피고 차도를 건너는 아이가 뭐가 다른가? 설거지를 미루는 엄마와 숙제를 미루는 아이가 뭐가 다른가? 욱하면 소리부터 내지르는 아빠와 기분이 나쁠 땐 주먹부터 휘두르는 아이가 뭐가 다른가?

당신이 아이를 향해 손가락질하게 되면 손가락 하나는 아이를 향해 뻗어 있지만 나머지 세 개는 당신을 향해 굽어 있다는 것을 유념하자. 4분의 1이 아이 자신의 문제라면 4분의 3은 부모의 문제라는 말이다.

아이들은 문제해결방식을 부모로부터 배운다

"야, 공부시간에 딴짓하지 마."

"네가 뭔데 참견이야?"

"선생님이 널 쳐다보시잖아?"

"내가 내 맘대로 한다는데 네가 뭔 상관이야?"

"네가 혼날까 봐 그러지."

"됐거든, 너나 잘하셔."

학교현장에 있다 보면 공부시간에 딴짓하지 말라고 충고하는 짝을 향해 되레 화를 내는 아이를 흔히 볼 수 있다. 이런 부류의 아이들은 친구의 말을 참견이라 여긴다.

이런 아이는 주변의 친구들까지 짜증을 유발시킨다. 처음에는 이렇게 저렇게 해보자고 구스르던 친구들도 나중에는 으레 그런 아이려니 무시하게 되고, 그 아이의 곁을 하나둘 떠나버린다. 남의 의견은 받아들이지 않고 자신의 주장이 먹힐 때까지 떼를 부리는 아이에게 질리기 때문이다.

> "선생님, 오늘 또 우리 애가 벌섰다면서요?"
> "영어시간에 너무 큰소리로 떠들어서요."
> "우리 애는요, 저를 닮아서 목소리가 큰 거지 떠드는 게 아니에요."
> "영어시간뿐만이 아니에요. 다른 시간에도 떠들어서 혼이 날 때가 많아요."
> "그건 선생님의 오해예요. 떠드는 게 아니라 목소리가 큰 거니까요."

수업시간에 큰소리로 떠들어서 혼이 난 아이의 부모가 찾아와서 자기 아이는 잘못이 없는데 왜 벌을 주느냐고 선생님에게 항변을 한다. 짝이랑 똑같이 떠들고 장난을 쳤는데 왜 자기 아이만 혼낸 거냐고 따진다. 선생님이 자기 아이만 미워하거나 무슨 억하심정이 있어서 그런 거 아니냐는 것이다.

똑같이 떠들고 장난을 쳤는데도 그 아이 혼자만 혼난 이유는 따로 있었다. 선생님이 수업에 방해되는 행동을 제지했을 때, 아이의 짝은 바로 장난을 멈추었지만 그 아이는 장난을 계속했던 것이다. 그런데도 아이는 왜 자기만 혼나는 거냐고 분통을 터트렸고, 고래고래 악을 쓰며 떼를 썼다. 당연히 수업은 중단되고 말았다. 그런 일이 일상적으로 반복되다 보니 혼을 낸 것인데, 억울하게 벌을 섰다는 아이의 말만 듣고 아이 대신 부모가 항변하러 온 것이다.

　아이와 부모의 떼쓰기는 똑같이 닮아 있다. 이처럼 아이들은 부모의 문제 해결방식을 그대로 따라 배운다.

WHY 대화가 어려운 아이들,
부모가 도와주자

7장

WHY 다섯 살이므로 아이들

"왜 친구를 때렸지?"

"몰라요."

이 경우의 '몰라요'는 책임을 회피하고 싶다는 의미다. 부모의 질문에 솔직하게 답변할 경우 혼날 거라고 생각하기 때문에 방패막이를 치는 것이다. 아이가 부모의 질문에 솔직하게 대답했다면 처벌을 하거나 화를 내기보다는 우선 아이가 심리적인 안정감을 찾게 한 후에 잘잘못을 가리는 게 좋다.

오로지 자기 생각만
옳다고 고집부리는 아이들

스폰지밥 옷만 입을래요

"오늘 또 그 옷을 입겠다고? 당장 벗어."

"싫어요. 전 스폰지밥이 좋단 말이에요."

"어제도 그 옷 입고 학교 갔잖아?"

"아니에요. 그림이 달라요."

"다르긴 뭐가 달라. 똑같은데."

"어제는 축구하는 스폰지밥이고, 오늘은 야구하는 스폰지밥이란 말이에요."

"쓸데없는 소리 말고 이걸로 입어. 누가 보면 옷도 없는 앤 줄 알겠네."

"아, 싫어요. 그건 엄마가 좋아하는 스타일이잖아요. 제 취향이 아니에요."

"조그만 게 취향은 무슨…… 그냥 입으라면 입어!"

스폰지밥에 빠진 아이, 애써 비싸게 구입한 세련된 옷을 놔두고 늘 헤어져 너덜거리는 캐릭터옷만 입겠다고 고집을 피운다. 엄마가 권하는 새 옷을 거부하고, 빈티가 줄줄 흐르는 캐릭터 옷만 입으려는 아이와 실랑이하려니 아침은 늘 전쟁통이다.

왜 아이들은 만화영화 캐릭터에 쉽게 빠질까?

캐릭터가 그려진 옷을 입으면 마치 자신도 그 캐릭터와 똑같은 주인공이 되는 것처럼 느껴지기 때문이다. 그 옷을 입는 순간 캐릭터와 동일시되어 가보고 싶은 곳도 마음대로 날아다니고, 해보고 싶은 일도 맘껏 하고, 착한 사람을 괴롭히는 악당을 무찌르는 멋진 경험을 하면서 대리만족을 하는 기쁨을 누린다.

이런 간접경험을 통해서 아이들은 정의감, 용기, 친구 사귀기 등을 배운다. 동일 캐릭터를 좋아하는 또래들과 동질감도 생기고 놀이도 더욱 풍부해진다. 그래서 점점 더 그 캐릭터에 대한 애정과 관심이 생기는 것이다. 이러한 아이들의 세계를 부모가 억지로 차단하면 아이들의 집착은 더욱 강해진다.

그러므로 캐릭터에 대한 아이들의 호기심이나 상상을 적절히 충족시켜 주면서, 지켜야 할 규칙은 서로 대화를 통해 조절하는 것이 좋다. 어린 시절에는 누구나 성장하는 과정에서 이런 경험을 하게 되고, 좋아하는 캐릭터가 바뀌기 마련이므로 캐릭터에 빠진다고 그렇게 과잉반응을 할 필요는 없다.

여자는 긴 머리가 예뻐요

"선생님, 머리 좀 묶어주세요!"

"날씨도 더운데 머리 좀 자르면 안 되겠니?"

"싫어요!"

"체육시간에는 머리가 이렇게 엉망진창이 되잖아?"

"그래도 싫어요. 여자는 머리를 길러야 예쁘거든요."

"짧은 머리도 예뻐."

"전 공주처럼 예쁜 게 좋아요."

"백설공주는 머리가 짧아. 그래도 예쁘잖아."

"그건 예외구요. 공주들은 다 머리가 길어요. 머리가 길면 묶어도 예쁘고, 땋아도 예쁘고, 그냥 늘어뜨려도 예쁘고, 다 예쁘단 말이에요."

머리카락이 긴 여학생들이 내 앞으로 길게 줄을 선다. 체육시간이 끝나면 생기는 현상이다. 아침에 엄마가 묶어준 단정한 머리모양은 어디로 가고, 산발에 가까워져서는 핀을 꽂아 달라, 머리를 묶어 달라고 쫓아오는 것이다. 특히 1학년 아이들인지라 아직 제 관리를 못한다. 그렇게 번거로워하면서도 여학생들은 긴 머리를 자르려 하지 않는다.

여자아이들은 긴 머리를 유지해야 예쁘다는 고전적인 공식에 얽매어 있다. 더불어 남학생들이 긴 머리 여학생들을 더 선호한다는 것도 잘 알고 있다. 하지만 융통성이 많은 여자아이들은 긴 머리도 해봤다가 짧은 머리도 해봤다가 기분에 따라 자유자재로 선택을 한다.

우리의 신체 중에서 유일하게 마음대로 요리할 수 있는 것이 머리카락이다. 허리까지 기를 수도 있고, 단발로 자를 수도 있고, 짧은 머리를 할 수도 있다. 기르든 자르든 머리카락 주인의 마음이다. 그럼에도 여자는 머리를 길러야 예쁘다는 고정관념에 사로잡혀서 자유로움을 만끽하지 못하는 것을 보면 참 안타깝다.

고집부리는 아이에게 윽박지르는 것은 금물

"(코를 만져보고) 코끼리는 굵다란 밧줄같이 생겼어."
"(어금니를 만져보고) 무슨 소리야, 말뚝같이 생겼던데?"
"(등을 만져보고) 아냐, 담벼락같이 생겼어."
"(꼬리를 만져보고) 바보 아냐, 빗자루처럼 생겼다니까."
코끼리를 만져본 맹인들은 서로 자기가 옳다고 우기기 시작했다.

'장님 코끼리 만지기'라는 말이 있다. 불교 경전인 '열반경'에 나오는 맹인모상(盲人摸象) 일화에서 유래한 이 말은 전체를 보지 못한 채 자신이 아는 부분만 가지고 고집하는 사람들을 비꼬는 의미로 쓰인다.

"여긴 내가 맡아놓은 자리야!"

"무슨 소리야, 내가 지금 와서 맡은 건데?"

"웃기시네. 내가 먼저 와서 찜해놓은 거거든."

"찜해놨다는 증거 있어?"

"책 안 보이니? 저건 내 책이거든."

"그건 반칙이거든. 사람이 먼저 와서 앉아야 하는 법이거든."

"사람이 먼저라는 법은 없거든."

"누가 그래?"

아이들이 머무는 공간인 교실에서도 맹인모상의 일화를 떠올리게 하는 일이 비일비재하다. 규칙에 의해 정해진 자리가 있음에도 불구하고, 먼저 찜했으니 자기 자리라고 우기는 모습이 그렇다. 이런 상황은 "이미 번호 순으로 앉기로 약속되어 있는데 무슨 소리야?"라는 선생님의 말 한마디에 끝이 난다. 그럼 두 아이는 머쓱한 듯 각자의 자리로 되돌아간다. 우겨서라도 이겨야 한다는 데 몰두해 있다가 잠시 잊고 있던 좌석배정 규칙을 떠올린 까닭이다. 늘 우위의 대상에 서야 직성이 풀리는 아이들에게서 흔히 볼 수 있는 맹인모상의 모습이다.

"숙제 해놓고 논다고 약속 했어? 안 했어?"

"그러는 엄마는 엄마가 한 약속 다 지켜?"

"이놈의 자식이 엄마한테 그게 무슨 말버릇이야?"

"엄마도 안 하면서 왜 나보고만 하라 그래?"

"숙제는 네가 할 일이니까 그렇지!"

"그러니까 내가 알아서 한다잖아. 엄마는 참견 말라고."

"이게 알아서 하는 거야? 엄마가 참견 안 하게 잘해야 될 거 아냐?"

"엄마가 옆에서 사사건건 잔소리하니까 내가 더 하기 싫은 거야."

독불장군식으로 무조건 자기 말이 옳다고 우기는 고집 센 아이들이 많아졌다. 물론 요즘같이 자기주관이 요구되는 시대에는 우유부단한 것보다는 낫겠지만, 그것이 지나쳐서 상대의 이야기를 아예 듣지 않으려는 태도에는 분명 문제가 있다.

특히 고집이 센 아이들은 부모가 혼내는 순간에도 고집을 부리기 때문에 무조건 누르고 윽박지르는 것은 금물이다. 아이의 고집이 더 세지는 역효과를 불러오기 때문이다.

아이가 고집을 부릴수록 부모는 한 발짝 물러나서 오히려 침착해져야 한다. 또한 목소리를 높이기보다는 오히려 낮추고 진지한 표정으로 천천히 이야기하는 것이 효과적이다.

"그래, 정 그렇다면 네가 하고 싶은 대로 하렴. 하지만 그에 따른 결과는 네가 100퍼센트 책임져야 한다."

아주 큰일이 아니라면 되도록 아이가 직접 경험하면서 '내가 괜한 고집을 부려서 생고생을 하는구나'라고 스스로 깨닫게 하는 것이 좋다.

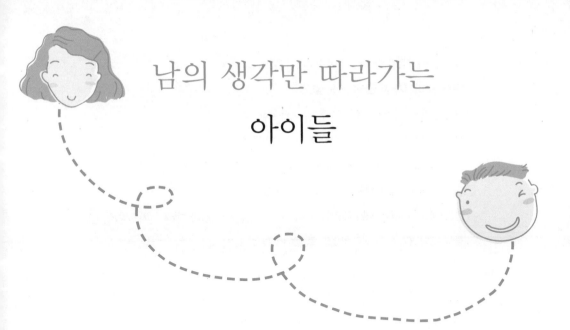

남의 생각만 따라가는
아이들

당나귀를 팔러 가는 아버지와 아들 이야기

아버지와 아들이 당나귀를 팔려고 장으로 떠났어.

이 모습을 보고 사람들이 말했지.

"바보같이 당나귀를 타고 가지, 왜 끌고 갈까?"

그 말을 들은 아버지는 아들을 당나귀 등에 태웠어.

한참을 가는데, 이 모습을 본 노인이 이렇게 말하는 거야.

"요즘 아이들은 버르장머리가 없구만!"

그래서 아버지는 자기가 당나귀 등에 타고 아들을 걷게 했지.

얼마쯤 가는데, 이번에는 한 아주머니가 말했어.

"쯧쯧, 아버지가 참 인정머리도 없군."

이 말을 들은 아버지는 아들과 함께 나귀 등에 탔지.

힘들게 걷는 나귀를 보고, 이번에는 농부가 말했지.

"저런, 말 못하는 짐승이 불쌍하기도 하지."

그래서 아버지와 아들은 할 수 없이 당나귀를 묶어 메고 갔어.

낑낑거리며 다리를 지날 때였어. 당나귀가 너무 발버둥 치는 바람에 그만 밧줄이 풀려 당나귀가 다리 아래의 강으로 떨어졌지 뭐야.

《당나귀를 팔러 가는 아버지와 아들》이라는 이솝우화를 한 번쯤 들어보았을 것이다. 이 이야기의 교훈은 지나치게 남을 의식하고 남의 의견에 따라 행동하다가는 손해를 본다는 것이다. 스스로 판단하지 않고 합리적으로 생각하는 것이 얼마나 중요한지를 깨우치게 하는 우화이다.

남을 의식하고 남의 의견에 따라 행동하다 보면 결국 손해를 보는 건 자기 자신이다. 세상에는 두 가지 부류의 사람이 있다. 스스로 자신의 길을 만들어가는 사람과 남이 만든 길을 뒤에서 따라가는 사람! 그중에서도 위대한 업적을 남긴 사람들은 귀가 얇고 타의적인 사람이 아니라 스스로 길을 개척해나가는 자주적인 사람들이라는 것을 명심하기 바란다.

친구가 하자고 하면 무조건 따라하는 아이들

"내가 못살아, 이번에는 또 유리창을 깼다구?"

"기범이가 하자고 해서……"

"넌 기범이가 죽으라고 하면 죽을 거니?"

"어, 안 하려고 했는데……"

"안 하려고 했으면 안 했어야지. 지난번에도 한바탕 난리를 쳐놓고 또야?"

"그때는 새롬이가 하자고 했던 거구, 이번에는 기범이가 하자고 했단 말이야."

"지금 누가 하자고 한 걸 묻는 거야? 네가 이 모양이니까 따라만 하지."

"안 그러면 왕따당해."

"넌 친구 따라 강남 갈래?"

'친구 따라 강남 간다'는 말이 있다. 자신은 하고 싶지 않은데 남에게 이끌려 덩달아 참여하게 되는 것을 이르는 속담이다. 이런 걸 심리학 용어로 '사회적 동조현상'이라고 하며, 이는 자신이 속한 집단과 비슷한 언어습관이나 옷차림을 하는 행동양식을 일컫는다.

예를 들어 세 사람이 아무것도 없는 하늘을 올려다보면 주변 사람들이 하늘을 쳐다보게 되고, 세 사람이 아무 맛도 없는 음식에서 쓴맛이 난다고 하면 다른 사람들도 쓴맛이 난다고 말하게 되는 현상을 말한다.

이런 사회적 동조현상이 일어나는 이유는 세상을 살면서 다수가 하는 일은 대체로 옳은 일이라는 인식이 굳어진 탓이기도 하고, 집단에서 다수와 다르게 행동할 경우 이탈자들은 불이익을 받는다는 사실을 알기에 그들의 배척을 피하려는 욕망에서 출발한다. 하지만 이런 사회적 동조현상이 다른 아이에 비해 유독 심할 때는 생각해봐야 한다. 친구가 하자고 한다고 해서 무조건 따라하는 아이가 그런 예다. 이럴 때는 문제가 발생하는 과정을 자세히 살펴볼 필요가 있다.

보통 아이가 심한 장난을 치거나 말썽을 일으키게 되면 대부분의 부모들은 왜 그렇게 되었는지를 자세히 알아보려 하지 않고 잘못한 결과만을 놓고 야단을 친다. 그러면 아이의 이야기를 듣는 시간보다 부모가 훈계하는 시간이 더 많아져 자녀의 생각을 알기 어렵다. 이럴 경우엔 왜 그렇게 행동하게 되었는지를 아이에게 차근차근 설명해보게 하고, 이야기가 끝날 때까지 잘 들어줘야 한다.

자신이 왜 그런 행동을 하게 되었는지, 재미있을 것 같다고 생각해서인지, 친구가 힘이 세니까 두려워서인지, 거절을 했을 경우 좋아하는 친구와 함께 놀 수 없을까 봐 걱정이 되었던 것인지, 원인을 명확히 찾아보는 것이 좋다.

거절을 하면 친구를 잃게 될까 두려워 그 일에 동참을 했을 경우에는 기분 좋게 거절하는 법을 알려주는 것이 좋다.

"그건 나쁜 짓이야. 우리 엄마 아빠가 하지 말랬어"라고 핑계를 대기보다는 "난 부모님 마음을 속상하게 해드리고 싶지 않아. 내 마음을 이해해주었으면 좋겠어"라고 자신의 마음을 솔직하게 얘기하라고 조언해주자.

유리창을 깼을 경우에는 무조건 부모님이 변상하기보다는 아이의 용돈에서 그 비용을 내게 하거나 심부름을 하게 해서 조금씩이라도 책임을 지게 하는 것이 좋다. 특히 그 일을 할 때 친구가 하라고 해서 했더라도 스스로 책임을 져야 한다는 것을 알려줘야 한다. 친구 때문이라고 변명하는 아이를 용서해주다 보면 앞으로도 아이는 자기 탓이 아니라 친구 탓이라며 책임을 회피할 수 있기 때문이다.

인간은 자기방어를 위해 본능적으로 거짓말을 한다

① "이거 누가 깼니?"

"그거요, 아줌마가 말하지 말라 그랬는데……."

"괜찮아. 말해봐."

"그거요, 아줌마가 깼어요."

② "이거 누가 깼니?"

"몰라요!"

"괜찮아. 말해봐."

"정말 모른다니까요."

아이들을 대상으로 실험을 했다. 처음 보는 낯선 사람과 선생님이 차례로 화분을 깨트린 뒤에, 절대 말하지 않겠다고 약속한 후 반응을 살피는 실험이었다. 어떻게 되었을까?

①번의 경우가 낯선 사람이었을 때의 반응이고, ②번의 경우가 선생님이었을 때의 반응이다. 왜 아이들은 낯선 사람이 깬 것은 사실대로 순순히 밝히고, 선생님이 깬 것은 모른다고 발뺌을 했을까?

인간은 자기방어를 위해 본능적으로 거짓말을 하는 경향이 있다. 권력을 가진 선생님에게 잘 보이고 싶은 심리로 인하여 무의식적으로 거짓말을 하게 된 것이다. 선생님은 앞으로도 계속 함께 마주보고 생활해야 하는 힘 있는 권력자임을, 낯선 사람은 앞으로 전혀 볼 일이 없기에 그리 중요한 대상이 아님을 적지 않은 경험으로 깨친 까닭이다.

이렇게 아이들 역시 어른들과 마찬가지로 권력에 쉬이 순응하며 거짓말을 하는 경향이 있다는 것을 참고로 알고 있자.

내성적인 성격, 억지로 고치려 하지 마라

"선생님, 속상해 죽겠어요. 오늘 호진이가 교과서 안 가져왔다고 혼났잖아요? 그게 제 것을 단짝에게 주고 대신 혼난 거예요. 다른 친구들하고도 잘 지냈으면 좋겠는데 걔만 졸졸 따라다니면서 해바라기를 해요. 이런 일이 한두 번이 아니에요. 다른 애들은 사귀어 보려고도 하지 않고 막무가내로 싫다고 하네요. 도대체 어떻게 해야 할지 모르겠어요."

자기 것을 다 내주면서 친구 사귀기에만 몰두하는 아이들은 무엇을 하든 내 생각이나 행동에는 자신이 없어서 남의 말과 행동을 따르는 경향이 있다. 대체로 마음이 여리거나 소극적인 아이, 친구들과 비교해서 지능이 너무 높다든지 너무 낮은 아이, 주로 어른들 틈에서 지내다 보니 또래와 어울려 교제한 경험이 없는 아이들이 이런 부류에 속한다. 이처럼 사회성이 미숙한 아이들은 자존감이 높은 친구들에게 따돌림을 당하기 쉽다.

이런 아이들은 일단 지금 보이는 소극적인 모습 그대로 인정해주는 것이 좋다. 다양한 인간관계를 맺지 못하는 내성적인 성격을 억지로 바꾸려고 하기보다는 아이에게 맞는 친구 사귀기 방법을 제시해야 한다. 아이의 본래 기질이 내성적이라면 또래 친구를 만날 기회를 만들어주고, 친구 사귀는 기술이 부족하다면 부모의 격려와 조언이 필요하다.

우선 아이에게 아주 사소한 일부터 성취감을 맛보고 다시 도전할 수 있도록 자꾸 기회를 주고, 작은 성과에도 충분히 격려해주면서 아이 스스로 자신감을 가질 수 있도록 배려해주는 것이 좋다.

모든 문제는 답이 하나라고 믿는 아이들

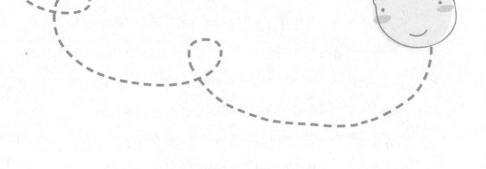

배면뛰기로 세계 신기록을 세운 딕 포스버리

> "저기 높이뛰기 선수 좀 봐!"
>
> "왜 그래?"
>
> "배 쪽이 아닌 등 쪽으로 넘잖아?"
>
> "정말 그러네?"
>
> "태어나서 저렇게 몸을 뒤집어서 넘는 선수는 처음 봤네."
>
> "그러게 말이야. 어떻게 저런 방법을 고안해냈을까?"
>
> "우와, 최고의 높이를 뛰었어."

1968년 멕시코 올림픽에서 딕 포스버리라는 무명 선수가 2미터 38센티미터라는 세계 신기록을 세우면서 사람들은 높이뛰기의 자세에 관심을 갖기 시작했다. 그는 힘차게 도움닫기를 한 후에 막대를 향해 몸을 앞으로 기울이는 것이 아니라, 반대로 돌아눕는 자세로 막대를 넘었다. 경기를 지켜보던 관중들은 처음 보는 높이뛰기 자세에 놀라움을 금치 못했다.

이렇듯 한 무명 선수가 다른 방법을 생각해냄으로써 이전의 그 어떤 이보다 더 높이 뛸 수 있었기에 현재 모든 높이뛰기 선수가 쓰는 기술은 배면뛰기가 되었다.

이런 사례를 보더라도 앞으로 또 다른 높이뛰기 방법이 나오지 말란 법이 없다. 배면뛰기 이전에는 정면뛰기가 정답이었듯이, 배면뛰기 이후에는 또 다른 높이뛰기 방법이 세계 신기록을 세우는 기폭제 역할을 할 수 있기 때문이다.

획일적인 공부법이 문제다

콜럼버스가 수많은 고난을 겪으며 신대륙을 발견하고 돌아오자 그를 시샘하는 귀족들이 빈정댔다. 화가 난 콜럼버스는 옆에 있던 달걀 하나를 치켜들어 친구에게 그걸 세워보라고 큰소리로 말했다. 그가 세울 수 없다고 하자 콜럼버스는 달걀의 한 면을 깨뜨려 탁자 위에 세웠다. 이것이 발상 전환의 예로 드는 '콜럼버스의 달걀'이다.

이처럼 '콜럼버스의 법칙'은 세상의 정답은 하나가 아니라고 말하고 있다. 첫 번째 정답을 찾지 못했을 때 포기하지 않고 또 다른 정답을 찾게 되면 그것이 처음에 바라던 것보다 훨씬 더 좋은 결과를 불러올 수도 있다는 것을 알려주는 법칙이다.

정답은 하나여야 하는가? 아니다. 하지만 이제까지의 우리 교육은 하나의 정답을 찾도록 가르쳐왔다.

이런 흑백논리의 단점은 사람들이 일단 하나의 답을 찾고 나면 더 이상 또 다른 해답을 찾으려 하지 않는 데 있다. 두 번째, 세 번째, 혹은 열 번째로 찾은 답이 더 혁신적인 해결방법일 수 있는데 지레 포기하는 것이다.

내 아이를 콜럼버스처럼 창의성이 뛰어난 아이로 키우고 싶은가? 그렇다면 사고력을 저해하는 하나의 정답 찾기 방식에서 빨리 벗어나야 한다.

① 옆집 아주머니께서 사과를 주셨습니다. 뭐라고 인사해야 할까요?

　　(뭘, 이런 걸 다……)

② 식사를 마치고 나서 가장 먼저 해야할 일은 무엇인가요?

　　(잘 먹었습니다)

이 아이는 왜 이런 답안을 제출했을까?

①번의 정답은 '고맙습니다'이다. 이 아이는 이와 똑같은 상황에 처하게 되었을 때 어머니께서 평소에 하던 말씀을 그대로 써놓은 것뿐이다.

그리고 ②번의 정답은 '양치질을 한다'이다. 이 아이는 밥을 다 먹은 뒤에 언제나 '잘 먹었습니다'라고 대답하는 습관이 몸에 배어 있었기에 이런 답을 쓴 것이다.

우리나라 교실에는 이렇게 창의적인 오답에 대한 배려가 없다. 엉뚱한 발상과 행동은 미리부터 '나쁜 행동'이 되기 일쑤고, 기발한 착상은 기존의 질서를 흩뜨린다는 이유로 일찌감치 배제의 대상이 된다.

그래서 교과서를 통해 획일적으로 공부한 아이들은 이렇게 쓴다. 토끼는 '깡충깡충' 뛰고, 시냇물은 '졸졸졸' 흐르고, 매미는 '맴맴' 울고, 참새는 '짹짹'거린다고. 토끼장 속에 갇힌 토끼가 '엉금엉금' 기어갈 수도 있고, 시냇물이 '뚜벅뚜벅' 흐를 수도 있고, 매미는 '겨울겨울' 하면서 울고, 참새는 '공갈공갈' 하면서 노래한다고 쓰는 아이도 있어야 한다.

개구리의 울음소리가 한국에서는 '개골개골'이지만, 일본에서는 '케로케로', 미국에서는 '리빗리빗', 아르헨티나는 '버프버프'로 쓴다고 한다. 우리는 문제의 답을 맞추기 위해 일상적인 거짓말을 한다. 개구리가 '개골개골' 운다고 말이다. 하지만 과연 그럴까? '케로케로' 울기도 하고 '버프버프' 울기도 할 것이다. 그런데도 우리는 '개골개골'이라고 쓴다. 그렇게 안 쓰면 틀리기 때문이다.

이런 일상적인 거짓말은 습관 때문에 생긴다. 부모나 아이들이나 선생님이나 그렇게 하도록 배우고 가르쳤기 때문이다. 문제는 아이들이 이런 문제에 익숙해지면 고정관념의 틀에서 벗어나지 못한다는 것이다.

이는 곧 창의력의 싹을 자르는 주범이 된다. 개구리가 '개골개골' 운다는 정답에 익숙한 아이들은 개구리가 다르게 우는 것을 생각할 기회를 얻지 못한다. 이런 아이들은 나중에 커서도 어떤 상황에서든 하나의 정답을 떠올리려 노력할 것이고, 정답이 하나 나오면 그에 대한 생각을 더 이상 하지 않을 것이다.

고정관념, 난센스 퀴즈로 깨뜨리자

"철수네 엄마의 아들은 10명입니다. 첫째는 일남이, 둘째는 이남이, 셋째는 삼남이, 넷째는 사남이입니다. ……그러면 이 집의 열 번째 아들 이름은 무엇일까요?"

이 문제의 정답은 무엇일까?

답을 열남이라고 생각했다면 문제의 유형에 제대로 속은 것이다. 철수라고 생각했다면 문제의 유형에 속지 않고 제대로 맞춘 것이다. 대부분의 사람들은 일이삼사 하나씩 늘어나는 규칙에만 집중하여 처음부터 '철수네 엄마'라고 밝힌 사실을 잊고 열남이라고 대답한다.

사람들은 이렇게 익숙한 한 가지에만 집중해 하나의 정답만 찾으려고 한다. 그리고 자신이 처음에 찾으려고 했던 정답을 찾지 못하면 실패했다고 생각한다. 하지만 그것은 실패가 아니다. 왜냐하면 처음에 찾으려고 했던 것보다 새롭게 발견해낸 정답이 훨씬 더 효과적이고 유용한 경우가 많기 때문이다. 마치 콜럼버스가 아메리카 대륙을 발견한 것처럼, 하나가 아닌 더 많은 정답을 찾으려는 노력이 더 큰 성공을 만들곤 한다.

그래야 축구를 좋아하는 아이가 부상으로 인해 꿈이 좌절되었을 때 꼭 축구선수가 아니더라도, 축구감독, 스포츠 해설자, 유소년축구팀 운영 등 다양한 일을 할 수 있다는 것을 깨닫고 다시 일어설 수 있다.

문제 하나에 정답이 꼭 하나인 것은 아니다. 한 문제의 정답은 하나라고 생각하는 아이에게는 다양한 사고를 할 수 있는 질문으로 생각의 힘을 길러주는 것이 좋다. 그 훈련에 좋은 것이 바로 난센스 퀴즈이다. 난센스 퀴즈는 아이들이 흥미를 느낄 수 있는 쉽고 재미있는 내용이어서 다양한 사고를 키울 수 있는 좋은 방법이다.

'왜'라고 물으면 무조건
'모르겠다'는 아이들

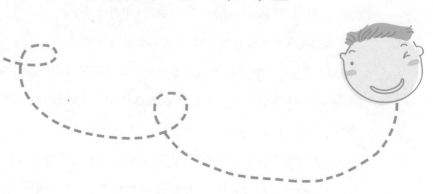

모든 질문에 '그냥'이라고 답하는 아이들

"왜 그렇게 생각하니?"

"그냥요."

"그냥이 어디 있어? 그렇게 생각한 이유를 말해야지."

"보세요, 여기 다 풀었잖아요."

"그게 아니고, 네가 풀어본 과정을 설명해보라는 얘기야."

"왜 그래야 되는데요?"

"왜라는 물음은 끊임없이 사고를 하게 해주거든."

> "아, 수학은 정말 짜증나."

아이들이 수학교과서에서 가장 싫어하는 질문이 바로 '왜 그렇게 생각하십니까?'라는 질문이다. 매 차시마다 빠짐없이 '왜 그렇게 생각하십니까?'라는 질문이 나오기 때문이다. 앵무새처럼 되풀이되는 이 질문이 교사라고 좋을 리 없다. '왜'라는 질문에 익숙지 않은 기성세대는 더욱 알레르기를 일으키기 때문이다.

"왜 그렇게 생각하십니까?"라는 질문 자체에 문제가 있는 게 아니다. 이런 질문은 아이들의 사고력을 키우는 데 꼭 필요한 질문이다.

문제는 그 질문이 매 차시마다 반복된다는 데 있고, 뒷북치듯 문제를 다 해결하고 난 뒤에 묻는다는 데 있다. 호기심이 다 해결되고 마침표를 찍는 시점에 '왜'라고 물어보면 아이들의 말처럼 '왕짜증 나는 질문'이 될 수밖에 없다. 그러다 보니 아이들은 수학책 속의 질문에 '그냥'이라는 말을 성의 없이 써놓는다.

왜요, 왜요, 왜요?

> "우린 너희 지구를 파괴하러 왔다. 하하하!"
> "왜요?"
> "왜냐고? 그건 우리의 임무니까."

"왜요?"

"위대한 황제께서 명령하셨기 때문이지."

"왜요?"

"뭐가 자꾸 왜요야?"

"왜요?"

"넌 우리가 안 무섭니?"

"왜요?"

"우와, 또 왜요래!"

"왜요?"

"으악, 강적이다. 도망가자!"

　호기심 많은 아이의 '왜요?'에 질려서 지구를 파괴하러 왔던 외계인이 자기네 별로 돌아갔다는 우스갯소리다. 그만큼 시도때도없이 물어보는 "왜요?"는 천하무적 외계인도 무서워할 만큼 대단한 존재이다.

　이렇게 어릴 때는 귀찮을 정도로 물어보던 '왜요?'의 횟수는 커갈수록 점점 줄어들게 되고, 더 나이가 들게 되면 아예 그 말 자체를 하지 않게 된다. 현실에 적응하고 안주하는 까닭에 호기심이란 존재는 까맣게 잊히기 때문이다.

　여기서 간과하지 말아야 할 게 있다. '왜요'라는 강력한 무기가 세상을 바꿔왔다는 것이다. 우리나라의 미래는 호기심과 창의성의 대명사인 '왜요?'라는 질문에 달렸다고 해도 과언이 아니다. 그 대단한 '왜요'라는 존재를 바쁘다는 핑계로 우리 어른들은 묵살하고 있는 것이 아닐까? 아이가 다소 엉뚱한 질문과 대답을 하더라도 부모는 아이 나름대로 자신의 생각을 이야기할 수 있는 기회를 주어야 한다.

솔직하게 말하는 아이, 혼내지 마라

"왜 그렇다고 생각해?"
"몰라요."

'왜'라고 물으면 무조건 모른다고 말하는 아이가 있다. 조리 있게 자신의 생각을 정리하지 못하고 그때그때 의미 없이 내뱉는 이런 말들로 순간을 모면하려는 것이다.

이런 아이들은 대체로 다양한 어휘를 구사하지 못한다. '예'와 '아니오'로 답변하는 단답형 질문은 곧잘 풀지만, 서술형 질문에는 어쩔 줄을 몰라 한다.

아이가 습관적으로 '모르겠다'고 대답한다면 면박을 주기보다는 짧더라도 완전한 문장을 만들어서 대답하도록 유도해야 한다.

"잘은 모르겠지만 저는 이렇게 생각합니다."

처음에는 힘들어도 의도적으로 '~했습니다'로 끝나는 말하기 훈련을 시키면 점점 완전한 문장을 완성하게 된다. 이런 식으로 자신의 생각을 논리적으로 표현하는 방법을 알려주면 아이들은 금방 행동을 수정한다.

"왜 친구를 때렸지?"

"몰라요."

이 경우의 '몰라요'는 책임을 회피하고 싶다는 의미다. 부모의 질문에 솔직하게 답변할 경우 혼날 거라고 생각하기 때문에 방패막이를 치는 것이다. 화난 표정, 때릴 듯한 표정으로 질문할 경우 아이들은 백이면 백 다 그렇게 대답한다.

특히 아이가 용기를 내어 솔직하게 얘기했다가 되레 꾸중을 들었다면 아이는 "절대 몰라요"로 일관할 것이다. 또한 부모의 기분이 좋을 때는 "솔직하게 얘기해줘서 고마워"라고 했다가, 기분이 나쁠 때는 "네가 그러고도 형이야?"라고 화를 냈다면 아이는 어떻게 대처할지 혼란스러워 "몰라요"라고 대답하게 된다.

아이가 부모의 질문에 솔직하게 대답했다면 처벌을 하거나 화를 내기보다는 우선 아이가 심리적인 안정감을 찾게 한 후에 잘잘못을 가리는 게 좋다. 그러면 '왜'라고 물었을 때 '모른다'로 일관하지 않고 어떻게 해서 이런 결과까지 오게 되었는지를 차분하게 대답할 것이고, 무조건 '몰라요'라고 말하는 습관은 없어질 것이다.

조금만 복잡해져도
어렵다고 하소연하는 아이들

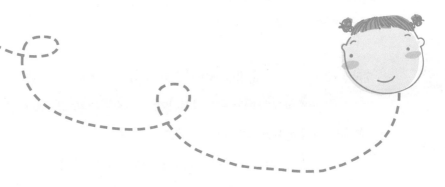

문장형 문제는 복잡하고 어려워요

"선생님, 이 문제는 왜 이렇게 복잡해요?"

"삼중구조로 되어 있어서 그래."

"그게 무슨 뜻이에요?"

"금고의 문이 세 개나 된다는 뜻이지."

"그러니까 세 개의 문을 열어야 된다는 뜻이네요?"

"그렇지. 하나씩 하나씩 비밀번호를 풀어야 해."

"그럼 저는 이 문제 안 풀래요."

"어렵게 보이지만 한 단계씩 차근차근 해결하면 풀 수 있어. 비밀번호를 여는 힌트는 선생님이 줄 테니까 풀어보렴."

"에이, 그냥 숫자로 내지 왜 이렇게 어렵게 내요?"

"이런 문제가 바로 너희들의 생각주머니를 끌어내는 문제거든."

"아, 짜증나. 이거 안 하면 안 돼요?"

수학경시대회에 나온 문제를 보더니 아이가 한숨을 내쉰다. 처음부터 끝까지 글자로 빽빽하게 도배된 수학시험지에 지레 겁먹은 까닭이다. 국어시험지도 아니고 수학시험지가 온통 문장형이다 보니 미리 포기하는 것이다.

아이들은 수학시험이 숫자가 아닌 문장형으로 출제되면 당황해서 어찌할 줄 모른다. 그런 문제들은 대부분 이중구조로 첫 번째 난관을 해결한 뒤에 두 번째 난관까지 해결해야 답을 얻을 수 있기 때문이다.

생각하기 싫어하는 아이들은 이런 시험문제를 접하면 쉬운 문제임에도 불구하고 그냥 백지로 제출할 때가 많다. 읽는 것도 싫고 생각하는 것은 더더욱 싫기 때문이다.

이렇게 조금만 복잡해져도 어렵다고 지레 포기하는 아이들에게는 흔히 '큐브'라고 불리는 정육면체의 교구를 선물해주는 것이 좋다. 큐브는 여러 가지 모양과 색깔을 맞추는 게임인데 쉬워 보이면서도 무척 어렵다. 겉보기에는 단순해 보이지만 해결하는 과정은 복잡하기 때문에 한 색깔 한 색깔을 맞추어 가는 동안 고도의 관찰력과 집중력을 기를 수 있다.

사고의 전환, 연습이 필요하다

> 양치기는 늑대와 양, 양배추를 모두 강 건너편으로 옮겨야 한다.
> 단, 배에는 딱 둘만 태울 수 있다. 양치기가 지켜보지 않으면 늑대가 양을 잡아
> 먹고 양은 양배추를 먹어버린다는 사실에 주의하라.

"휴, 강 건너기 수수께끼 너무 어려워요!"

"뭘 어떻게 하라는 건지 모르겠어요."

"그냥 큰 배를 구해서 다 데리고 건너면 안 돼요?"

"못 잡아먹게 양치기가 눈을 부릅뜨고 있으면 되잖아요."

"갔다 왔다 갔다 왔다 뭐가 이렇게 복잡해요?"

"양치기가 먼저 늑대를 배에 태우고 건너면 된다"는 아이의 말에 "그럼 남은 양이 양배추를 먹으니까 안 돼"라고 하자 한숨을 쉰다. "양치기가 먼저 양배추를 배에 태우고 건너면 된다"는 아이의 말에 "그럼 남은 늑대가 양을 잡아먹으니까 안 돼"라고 하자 연거푸 한숨을 쉰다.

"안 돼"라는 제동이 걸리자, 태우고 왔다가 다시 내려놓고 또다시 태우고 갔다가 또다시 내려놓고 하는 과정이 복잡하다며 지레 포기를 하는 아이들이 많아진다. 배에는 둘만 태울 수 있고, 늑대는 양을 잡아먹고, 양은 양배추를 먹는다는 단서만 주의해서 하나하나 해결하면 쉬이 풀릴 것을 아이들은 해보지도 않고 어렵다고 울상을 짓는다.

이 문제의 정답은 이렇다.

양치기가 양을 데리고 건너가서 양을 두고 돌아온다.

양배추를 가지고 건너가서 양을 데리고 돌아온다.

늑대를 데리고 건너가서 늑대를 두고 돌아온다.

양을 데리고 건넌다.

아직은 내 아이가 이렇게 복잡한 문제를 어려워한다면 처음에는 간단한 창의력 문제를 제시해보는 것도 좋다.

5 + 5 + 5 = 550

이 식에 선 하나만을 그어서 제대로 된 결과를 만들어라.

정답을 풀었는가? 답은 545 + 5 = 550이다. 정답이 아직도 이해되지 않는다면 아이와 함께 이런 문제를 많이 접해봐야 한다. 사고의 전환이 이 문제를 푸는 지름길이기 때문이다.

우물에서 숭늉 찾는 교육과정이 문제다

"장관님! 왜 21÷3=7인지 세 가지 방법으로 설명할 수 있습니까?

왜 527+694=1,221인지를 만 8세 된 초등학생들이 세 가지 방법으로 설명할 수 있어야 합니까? 어른인 저도 몰라서 참고서를 봐야 합니다. 혹시 장관님께서도 모르시겠다면 동봉해드린 OO전과 26쪽의 7번, 57쪽의 11번 설명을 보시면 됩니다."

한 학부모가 초등학교 3학년인 자녀의 수학교과서를 보다가 화가 나서 교육과학기술부 장관에게 보낸 질의서의 내용이다.

새 교과서를 받아든 학부모가 당황했듯이 교육부장관은 대답을 못할 것이다. 기성세대들은 그런 교육을 받아온 세대가 아니기 때문이다.

현장에서 아이들을 가르치다 보면 참으로 답답할 때가 많다. 40분이라는 짧은 시간 동안 가르쳐야 할 내용이 너무 많다는 게 가장 큰 문제이다.

세 가지 방법을 찾아내는 데 40분을 다 사용해도 모자라는 판국에 그것을 활용한 여러 가지 문제를 풀어내야 한다. 아직 개념조차 이해하지 못한 아이들은 한숨을 푹푹 쉬고, 선생님은 그것을 이해시키겠다고 아이들을 닦달하며 한숨을 내쉰다.

문제도 풀고, 풀이법까지 찾아내는 두 마리 토끼를 잡으려다 보니 아이들이 수학문제만 보면 한숨을 내쉬는 사태에 직면하는 것이다. 처음부터 세 가지 방법을 제시하지 말고 한 가지 방법부터 찾아내라고 했다면 더욱 좋았을 것이다. 한 가지도 제대로 찾지 못하는데 처음부터 세 가지 방법을 찾아내라고 하는 것은 우물에서 숭늉을 찾는 격과 같다.

익숙해질 때까지는 각 단계마다 도움을 줘라

① 달걀이 한 판에 30개씩 들어 있습니다. 45판에는 달걀이 모두 몇 개 들어 있습니까?

② 민지는 동화책 한 권을 읽었습니다. 12일 동안은 하루에 23쪽씩 읽었고, 18일 동안은 하루에 25쪽씩 읽었습니다. 민지가 30일 동안 읽은 동화책은 모두 몇 쪽입니까?

우선 ①번 문제는 너무나 쉽게 〈30×45=1,350개〉라고 답을 맞히는 아이들이 ②번 문제를 보고는 처음부터 대뜸 어렵다고 한숨부터 내쉰다. 조금 복잡해진 것뿐인데 어렵다고 하소연하며 머리를 쥐어뜯는다. ①번과 똑같은 원리임에도 불구하고 아이들은 지레 겁을 먹는 것이다.

이럴 때는 아이들이 쉽게 접근할 수 있도록 한 단계 한 단계씩 차례로 풀어나가는 것이 좋다. 또한 문제가 길고 복잡하다면 문장으로 길게 늘어놓은 것을 간단하게 표로 정리하면 쉽다. 처음에는 선생님이나 부모님이 도와주다가 나중에 익숙해지면 스스로 풀게 하는 연습과정이 필요하다.

① 12일 동안 읽은 동화책

12×23=276

② 18일 동안 읽은 동화책

18×25=450

①+② 30일 동안 읽은 동화책 : 276+450=726

222

조금만 복잡해져도 어렵다고 하소연하는 아이는 스스로 할 수 있을 때까지 무작정 내버려두는 것보다 처음에는 부모님이 조금 도와주다가 손을 차츰차츰 떼면 점점 공부에 흥미를 느끼게 된다.

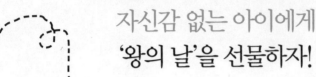

자신감 없는 아이에게
'왕의 날'을 선물하자!

"선생님, 11월 11일이 빨리 왔으면 좋겠어요."

"왜, 빼빼로데이라서?"

"아니요, 제 '왕의 날'이거든요."

"그날이 그렇게 좋아?"

"네, 제가 하고 싶은 걸 맘대로 할 수 있잖아요."

"그렇지만 봉사도 해야 하잖아."

"괜찮아요. 왕이 되어 기분이 좋으니까 봉사는 저절로 돼요."

우리 반의 '왕의 날'은 하루 동안 선생님과 친구들로부터 왕의 대접을 받는 날이다. 왕의 대접이라 해도 사실 특별할 것은 없다. 자신이 평소에 하고 싶었던 소원 세 가지를 왕의 특권으로 부여받는 것뿐이다. 단, 특별한 혜택

224

을 누리는 대신에 국민(그날은 같은 반 친구들이 모두 '국민'이 된다)을 위해 세 가지 봉사를 해야 한다.

아이들이 스스로 적어낸 소원과 봉사는 거창할 것 같지만 무척 소박하다.

왕의 소원	왕의 봉사
앉고 싶은 친구와 앉기	학급문고 정리하기
회장 역할 해보기	화분에 물 주기
선생님 역할 해보기	급식 도우미하기
1등으로 줄서기	칠판 청소하기
아이엠그라운드 게임하기	선생님 심부름하기
수업시간에 과자 먹기	선생님 급식 타드리기
급식시간에 컵라면 먹기	잃어버린 물건 주인 찾아주기

그날 왕이 된 아이의 얼굴은 웃음꽃으로 활짝 핀다. 평소에 인기가 없던 아이도 왕의 날만큼은 슈퍼스타 저리 가라 할 정도로 인기짱이다. 컵라면 먹기를 소원으로 낸 아이는 한입만 달라는 친구들에게 라면을 나눠주느라 몇 젓가락밖에 못 먹지만 하루 종일 입이 귀에 걸려 있다. 아이 스스로 베푸는 기쁨을 몸소 체험하기 때문이다. 세상에서 제일 맛있는 라면은 친구에게 얻어먹는 한 젓가락의 라면이라고 할 정도니 왕의 날에 먹는 컵라면이 얼마나 인기가 있는지 짐작하고도 남을 것이다.

선생님 역할 해보기를 신청한 아이에게는 한 시간 동안 선생님 역할을 해볼 수 있는 기회를 준다. 아이들도 왕선생님이라 부르며 깍듯이 대접을 한다. 반 아이들 모두가 얼마나 즐거워하는지 그 수업의 집중도는 놀랄 만큼 높다. 한편, 선생님 역할을 해내는 아이를 보고 있으면 기특하기도 하지만 나 스스로 반성의 기회도 된다. 어쩜 그렇게 내 수업방식을 똑같이 흉내 내는지 가끔은 얼굴이 뜨거워질 때도 있다.

또 하나 좋은 점은 평소에는 청소에서 빠지려고 갖은 핑계를 대던 아이들도 이날만큼은 즐거운 마음으로 봉사를 한다는 것이다. 선생님뿐만 아니라 아이들에게 왕으로 대접을 받으면서 기분이 좋아져 저절로 봉사심이 우러나기 때문이다.

"선생님, 왕의 날을 한 번 더하면 안 될까요?"

"선생님, 그 일은 제가 도와드리면 안 될까요?"

평소 자신감이 없던 아이도 왕으로 대접을 받으면서 자신감이 생기고, 그 자신감은 타인을 향한 이타심으로 나아가기에 즐겁지 않을 수가 없다.

당신의 아이를 왕으로 대접해주자. 왕으로 대접해주는 일은 그리 어렵지 않다. 아이의 마음을 읽어주고 공감해주면 된다. 우리 아이가 왜 자신감이 없는지, 왜 주눅이 들어 있는지 그 마음을 살펴서 꼭꼭 숨어 있는 장애를 찾아내 없애주는 것이 바로 공감이다.

왜 너는 그렇게 자신감이 없느냐고, 왜 너는 그렇게 못하는 것투성이냐고 따지지 말자. 억박지르지 말자. 선생님과 부모의 과한 욕심이 잔소리를 부르고 화를 부른다. 하나하나 꼬집어서 숨 쉴 틈 없이 몰아치는 질책의 '왜'보다는 속마음을 읽어주는 공감의 '왜'를 사용하다 보면 아이뿐만 아니라 어른도 행복해진다.

자신이 잘하는 게 하나도 없다고 생각하는 아이! 있는 듯 없는 듯 꿔다놓은 보릿자루처럼 지내는 아이! 내성적이어서 아는 것도 대답 못하고 쩔쩔매는 아이! 이렇게 자신감이 없어 하는 아이에게는 특히 '왕의 날'이 필요하다. 모든 규제를 다 떠나서 일 년에 한 번쯤은 집안에서도 일탈의 즐거움을 느낄 수 있는 왕의 날을 선물해주자. 아이가 왕이 되면 부모는 저절로 상왕이나 왕후의 반열에 오르니 거부할 이유가 없지 않은가?

개정판 1쇄 인쇄 2021년 1월 12일
개정판 1쇄 발행 2021년 1월 15일

지은이 정명숙
펴낸이 김옥희
펴낸곳 아주좋은날
기획편집 이미숙
디자인 안은정
본문일러스트 김주연
마케팅 양창우, 김혜경

출판등록 2004년 8월 5일 제16-3393호
주소 서울시 강남구 테헤란로 201, 501호
전화 (02) 557-2031
팩스 (02) 557-2032
홈페이지 www.appletreetales.com
블로그 http://blog.naver.com/appletales
페이스북 https://www.facebook.com/appletales
트위터 https://twitter.com/appletales1
인스타그램 appletreetales

※ 이 책은 《자신감을 키워주는 질문의 힘》의 개정판입니다.

ISBN 979-11-87743-91-0 13370

이 도서의 국립중앙도서관 출판시도서목록(CIP)은 서지정보유통지원시스템 홈페이지(http://seoji.nl.go.kr)와
국가자료공동목록시스템(http://www.nl.go.kr/kolisnet)에서 이용하실 수 있습니다.
(CIP제어번호 : CIP2020055138)

아주좋은날 은 애플트리태일즈의 실용·아동 전문 브랜드입니다.